KB043489

양다리의 힘

SAFETY

김민태 지음

안전을 확보하지 못한 전략은
모든 것을 잃게 한다

ZONE
양다리의 힘

혜화동

우리는 왜 불안에 발목을 잡힐까?

그래서 어떻게 살고 싶다는 것인가? 불안이 차오를 때마다 나에게 수시로 물었다. 마흔 넘어 더 이상 화려한 영광이 찾아오지 않을 것만 같다고 느꼈을 때 나는 무기력이라는 유령과 함께 출근했다.

회사에서 시키는 일 조용히 하다 정년을 채우면 그다음 나는 어떻게 되는 거지? 답이 없었다. 다행인지 불행인지 몰라도 나뿐만이 아니었다. 예순 이후의 삶을 그리는 사람은 내 주위에 없었다. 그렇게 질문을 묵히고 묵히다 한 문장이 튀어나왔다. 성공은 모르겠고 딴 일은 하고 싶다.

성공을 지우자 욕구가 더 선명히 보였다. 미국의 명배우 짐 캐리가 2014년 마하리쉬 대학 졸업 축사에서 한 이야기가 떠올랐다. 짐 캐리는 아버지에 대해 이렇게 말했다.

"아버지는 훌륭한 코미디언이 될 수도 있었지만, 스스로 불가능한 일이라고 생각했다."

그래서 대신 선택한 직업이 회계사라는 안정적인 직장이었다. 그러나 짐 캐리가 12세가 되던 해, 아버지는 직장을 잃었다. 졸지에 가족들은 결혼한 누나네 집 마당에 텐트를 치고 살아야 했고, 학교도 더 이상 다닐 수 없었다. 살아남기 위해 할 수 있는 일은 무엇이든 해야 하는 상황이었다. 짐 캐리가 성인이 되기도 전에 클럽의 무대에 오른 것도 그 절박함 때문이었다. 그는 마음속으로 다짐했다.

'하고 싶지 않은 일을 하면서도 실패할 수 있다. 그렇다면 하고 싶은 일에 도전하는 것이 낫다.'

꼭 무엇이 되지 않더라도

내가 선택한 일을 '지속적으로' 하는 삶. 그 자체로 충분히 행복하지 않은가. 성공은 내가 결정하지 않는다. 하고 싶은 걸 하자. 나는 즉각 이 말을 내 삶의 비전으로 받아들였다.

문제는 방법. 내가 원하는 삶을 위해 해야 할 가장 중요한 일은 무엇일까? 내 자신에 대한 탐색이 필요했다. 내가 어떤 일을 발견하고 기뻤을 때 가장 많이 하는 말은 이것이었다.

"아, 흥분된다!"

나도 모르게 이 말이 튀어나올 때는 정말 흥분된 상태였고 욕구가 넘쳤다. 같이 대화를 나누던 사람에게 의지를 피력하기도 했다. 고민은 굉장했던 에너지가 하루만 지나면 꺼진다는 데 있었다.

왜 그럴까? 문제는 마음속에 가득 찬 불안이었다. 실현이 안 될 것 같아서, 문제를 일으킬 것 같아서, 손해를 볼 것 같아서… 이러고도 정녕 마음껏 딴 일을 하고 싶다고 욕구 운운했던 것인가. 나는 자책했다.

그러다 마침내 핵심 질문을 찾아냈다. 불안이 발목을 잡는다면 불안하지 않은 일을 하면 되는 것 아닌가! 말장난처럼 보일 수도 있겠지만 진심이었다. 세상에 내가 하고 싶은 것들이 꼭 불안을 동반하란 법은 없었다.

예를 들어 나는 언젠가 책의 저술은 물론이고 편집과 마케팅까지 아우르는 출판을 하겠다는 꿈이 있다. 그동안 몇 권의 책을 썼지만 출판 과정 전체를 관장하는 것과는 차원이 달랐다. 출판을 한다는 건 기획에서 생산, 유통까지 그야말로 콘텐츠의 모든 생산도구를 손에 넣는 일이었다. 얼마나 흥분되는 일인가.

이 꿈을 실현하는 데 노력이 필요할지언정 불안이 나를 덮치지는 않는다. 출판을 하다 실패한다고 해도 내가 감수할 일은 투입된 비용 말고는 없었다. 한 권씩 간을 보며 제작한다면 크게 부담을 가질 만한 비용은 아니었다.

나는 두 가지 질문을 통해 생각을 단순화하기로 했다. 첫째, 어떤 일을 대했을 때 하고자 하는 욕구가 생기는가? 둘째, 욕구를 차단하는 위험 요인이 있는가? 이 두 질문의 함수 관계를 보여 주는 '욕구-안전 진단표'를 만들어 봤다. 나의 선택지는 논리적으로 총 4개다.

	하고 싶다	하기 싫다
안전하다		
위험하다		

1) 하고 싶다 & 안전하다   2) 하기 싫다 & 안전하다
3) 하고 싶다 & 위험하다   4) 하기 싫다 & 위험하다

이제 나는 4가지 중에 한 가지를 선택만 하면 된다. 먼저 쉬운 선택지부터 접근해 보자. '4)번 하기 싫다 & 위험하다' 누구나 꺼리는 일이면서도 위험하기까지 한 일에 대해 논할 가치

가 있을까? 버리기로 한다.

그 다음 쉬운 선택지는 2)번이다. '하기 싫다 & 안전하다' 언뜻 떠오르는 게 '밥벌이로서의 일'을 의미할 것이다. 이것도 버리기로 하자. 생존 욕구만 채우기엔 사십 대는 너무 어리다는 게 내 지론이다. 남은 선택지는 두 가지다.

1) 하고 싶다 & 안전하다
3) 하고 싶다 & 위험하다

그동안 나를 힘들게 한 건 3)번 유형이다. 욕구가 팽창됐다가도 금세 꺼지는 이유는 위험성 때문이었다.

나는 3)번을 버리기로 했다. 책에 많이 나오는 스토리, 즉 느닷없이 회사를 뛰쳐나가 창업하는 일이 대표적이다. 뜨겁게 달궈진 마음에 찬물을 끼얹는 타입의 일들이었다. 사람으로 치면 위험 감수형이다. 롤 모델이면서도 한편으론 나를 소외시키는 인간형이기도 하다. 위험 회피 성향이 강한 나 같은 범인(凡人)들이 삶의 위시 리스트에 이런 것들까지 넣을 필요 없다는 결론을 내렸다.

1) 하고 싶다 & 안전하다

'성공은 모르겠고 딴 일은 하고 싶다'는 내 삶의 비전에 필요한 미션은 이 두 가지 구성 요소면 충분했다. 욕구와 안전. 그래서 난 다시 두 가지 질문으로 구체화시켰고 생각나는 대로 하위 질문을 뽑아냈다.

1〉 (하고 싶다) 그 일을 상상하는 것만으로도 흥분되는가?
- 내가 주도적으로 통제할 수 있는가?
- 그 일을 하면서 유능감을 얻을 수 있는가?

2〉 (안전하다) 그 일에 과감히 뛰어들어도 좋을 만큼 안전한가?
- BEP(손익분기점)을 넘는가? 그것은 무엇인가?
- 문제가 생겼을 때 생각할 수 있는 최악의 상황은 무엇인가?

이렇게 질문을 열거하고 나니 내가 할 일이 더욱 분명해졌다. 실제 나는 새로운 일을 맞닥뜨릴 때 '욕구-안전 진단표'를 활용한다. 특히 안전 요인을 체크한다. 회사의 신규 프로젝트에 지원하거나 제안받을 때도 질문을 대입해 본다.

안전과 관련해서 회사의 장점은 사업자가 따라올 수 없다. 하고 싶은 일을 추진하다 잘릴 일 없으면 나는 손익분기점을 넘는 걸로 간주한다. 문제가 생겼을 때 일어날 수 있는 최악은 징계 정도로 생각한다. 예상할 수 있는 징계가 주의 경고 수준이라면 나는 감수하기로 했다.

삶의 좌표를 정리한 후 나 자신에 대한 오해도 풀렸다. 나는 생각보다 겁쟁이가 아니었다. 한동안 나는 멋진 말만 하고 멋지게 행동하지 않은 자신을 탓했다. 왜 스스로 떠벌렸던 말을 지키지 않는가. '지금은 바쁘니까 시간이 없는 거야.', '생각해 보니 꼭 내가 원하던 일도 아니었던 거야.' 나는 자기불리화(self-handicapping)를 택했다. 수행하기 전에 불리한 조건을 만드는 것, 인생에 아무 도움되지 않는 핑계였다.

나는 받아들이기로 했다. 나의 소심함을. 그리고 그런 소심함을 지지해 주는 안전 본능을. 그리고 어떻게 하면 본능과 적절하게 동거할지에 대해 생각했다.

심리학자 대니얼 카너먼(Daniel Kahneman)은 "인간은 얻는 것보다 잃는 것을 훨씬 더 싫어한다."는 손실 회피 편향을 실험으로 증명했다. 조직 사회에 대해 함부로 '무사안일'이라고 비판할 일이 아니다. 혼자서 의사 결정을 하고 책임을 지는 구조에선 위험 기피 경향을 보이는 건 당연하다. 위험 감수를 통해 승진하고 보너스를 받을 수 있더라도 결과가 안 좋았을 때 갖고 있는 걸 빼앗긴다면 굳이 나서려고 하지 않을 것이다. 개인의 선택도 마찬가지다. 위험 회피 경향이 본능이라면 차라리 슬기롭게 활용하는 편이 낫지 않을까. 내가 사랑하는 은유 '양다리 걸치기'의 쓸모도 여기서 나왔다.

나는 인간의 본능을 뛰어넘는, 그래서 나를 힘들게 하는 '사회적 증거(다들 그렇게 생각한다는 믿음)'로부터 스스로 유연해지기로 했다. 증거의 존재를 부정하는 것이 아니라 과장을 걷어내기로 했다.

사물에 대한 정의를 바꾸면 세상이 달리 보인다. 나는 새롭게 정의 내렸다. 도전은 위험을 견디는 능력이 아니라 위험을 낮추는 능력이다. 나는 도전하지 않는 사람이 아니라 위험을 낮추려는 노력을 하지 못했던 사람이다. 위험의 정체에 대해 구체적으로 생각해 보지 않았을 뿐이다.

당장 내일부터 펼쳐질 미래도 알 수 없는 것이 인간이다. 적어도 알 수 있는 건 지금 추구하고 있는 것, 욕구라고 하는 그 마음뿐이다. 안전하게 원하는 것을 하며 지금보다 더 많은 나를 발견하며 살고 싶다. 그 정도면 무엇이 되더라도 덜 후회하는 삶이 아닐까.

2021년 봄
김민태

목차

SAFETY ZONE

제 1 장

도전에 대한
새빨간 거짓말

맨땅에 헤딩은
머리만 아프다

어떤 흙수저의 이야기를 보았다. 메시지가 독특했다. 알고 있던 상식과 달라 한동안 뇌리를 떠나지 않았다. 내 신념이 잘못되었던 걸까. 아니면 특정 흙수저의 주장일 뿐인가. 같이 생각해 보고 싶어 그 이야기를 들려주고자 한다. 독자의 편의를 위해 이야기는 흙수저의 시점으로 재구성해 봤다.

네이버에 다닐 때였다. 문득 내가 평범한 사원에 지나지 않는다는 생각이 들었다. 주변에 워낙 쟁쟁한 사람들이 많았던 탓이다. 무작정 대학원에 입학 지원을 했다. 문제는 회사에서 너무 먼 거리. 2010년 대학원에 입학하고 나서 사직서를 냈다. 그리고 디자인 잘하는 친구들과 함께 회사를 만들었다. 말이 좋아 창업자였지 삶의 수준은 네이버 다닐 때보다 떨어지는 작은 회사의 직장인이었다.

대학원에 들어갈 무렵 애플리케이션 개발 바람이 불었다. 스마트폰이 막 한국에 들어왔을 때였다. 나도 그 바람을 타고 싶었다. 너도나도 앱을 만들던 시절이라 그리 대단한 결심은 아니었다.

멤버들은 모두 지인이었다. 형이 엔지니어를 맡았고, 중학교 때 친구, 사업에 실패했을 때 도와줬던 친구, 사회에서 형 아우하는 친구 등 여섯 명이었다.

2010년 6월 25일 반 년 만에 앱이 나왔다. 개발자 여섯 명이 삼겹살집에 모였다. 서비스를 만드느라 수고한 사람들끼리 자축하는 자리였다. 모두가 한자리에 모인 것은 처음이었다. 각자의 생업이 있어서 시간이 없었다. 회의는 채팅이나 화상 통화를 이용했다. 물론 주말에 시간 되는 몇몇은 카페에서 함께 작업하기도 했다.

서비스를 개발하며 꼭 성공해야 한다는 절박함은 없었다. 처음부터 사업으로 생각하지 않았기 때문이다. '그냥 이런 서비스가 있으면 좋을 텐데 왜 없을까?' 하는 단순한 생각에서 시작했다. 어쩌면 그런 자세가 성공에 도움을 주었을지도 모른다. 우리가 앱 개발을 단지 흥미로운 프로젝트로 생각할 수 있었던 것은 실패해도 각자 돌아갈 일터가 있었기 때문이다.

　사업에 대한 고민은 서비스를 내놓고 몇 달이 지나서야 시작됐다. 나는 사업자 설립을 마치고 하던 일을 정리했다. 더 이상 두 가지 일을 병행하기 어려운 시점이었다. (후략)

　이 밋밋한 창업 스토리의 주인공은 김봉진이다. '배민(배달의 민족)' 앱을 만들어 유니콘 기업으로 키운 그 김봉진이다. 브랜드 전문가 홍성태 교수와 김봉진이 나눈 긴 대담을 보고 일인칭으로 구성해 봤다.

　대담을 읽고 신선한 충격을 받았다. 김봉진이 누구인가. 이제는 이름만 들어도 아는 스타트업의 신화 아닌가. 성공한 드라마에 드라마 구조가 없다? 이건 뭐지? 무릇 주인공이라면 원하는 것을 얻기 위해 죽을 힘을 다해 노력해야 하는 법. 그런 기운은 느껴지지 않았다.

　그 전까지 내가 어디선가 보고 들었던 김봉진의 성공 스토리는 다음과 같다.

내가 알고 있는 스토리

그 남자는 땅만 보고 다니며 전단지를 주워 담았다. 더 많은 전단지를 얻을 수 있는 방법이 없을까? 아파트는 전단지가 끊임없이 공급되는 장소 중 하나였다. 남자는 부탁하기를 주저하지 않았다. 경비원들과 청소하는 아주머니들에게 적극적으로 도움을 요청했다.

그렇게 6개월을 보내면서 얻은 5만 개의 음식점 정보를 앱의 데이터베이스에 쌓아 올렸다. 남자는 CEO가 되었고 새로운 서비스를 '21세기 최첨단 전단지'로 소개하고 다녔다. 앱의 이름은 '배달의 민족'으로 지었다.

사업은 맨땅에 헤딩이었다. 영업하기 위해 음식점을 찾아가면 사장님들 반응은 대개 시큰둥했다. 배달 앱이라는 시장 자체가 없던 시절이었다. 서비스의 개념을 이해시키는 것도 보통 일이 아니었다. (중략)

회사는 2010년 자본금 3천만 원으로 창업해서 10년 만에 기업 가치 4조 원이 넘는 기업이 됐다. 전단지 속에서 피어난 신화, CEO 김봉진의 이야기는 배달 속도만큼이나 빠르게 퍼져갔다.

배민이 유니콘 기업이 되면서 창업 전 CEO의 삶도 조명을 받았다. 김봉진은 실업계 고등학교를 나왔다. 예고에 가서 미술을 하고 싶었지만 미술 학원을 다닐 수 있는 형편이 아니어서 포기했다. 붓을 잡고 싶었지만 납땜인두기를 잡은 거다. 내신은 15등급 중 14등급. 십대를 졸업하기 직전 디자이너라는 직업이 있다는 것을 알게 됐다. 학원에서 디자인을 배워 간신히 2년제 대학에 들어갔다. 다큐멘터리에서 소개된 이케아를 보고 가구를 만들고 싶다는 생각이 들어 실내디자인을 전공으로 선택했다.

대학 졸업 후에는 원하던 인테리어 회사에 가지 못했다. 대신 정부에서 정책으로 밀고 있던 IT 분야로 취업했다. 이후 여러 IT 회사에서 웹디자이너로 일했다. 그렇게 7년 가량 월급쟁이 생활을 했을 때 자기 사업을 하고 싶은 열망이 꿈틀거렸다.

2008년 드디어 꿈에 그리던 수제 가구점을 차렸다. 스스로 디자이너이자 CEO였다. 사람들은 디자인이 정말 좋다 했다. 하지만 구매하지는 않았다. 1년 만에 전세 보증금을 까먹고 빚까지 남기고 쫄딱 망했다. 글로벌 경제 위기의 한파가 몰아칠 때였다.

그렇다고 쉽게 포기하지 않았다. 월급은 빚 갚는 데 쓰고 밤마다 투잡을 뛰며 생활비를 마련했다. 와이프도 사정은 마찬가지였다. 그러던 어느 날. 갓 등장한 스마트폰을 보고 한 줄기

가능성을 발견했다. 배달의 민족은 그렇게 탄생했다.

이 정도로 스토리를 마무리하자. 우리에게 익숙한 김봉진의 성공 스토리는 드라마처럼 재미있다. 흡사 어릴 때 읽던 위인 전 같기도 하다. 이야기 구조가 있고 주인공이라면 마땅히 가 져야 하는 집념이 있다. 즉 인생을 건 도전이 있다.

그가 말하는 이야기

다시 대담으로 돌아가 보자. 김봉진은 미디어를 통해 알려진 신화적 스토리와는 사뭇 다른 뉘앙스의 이야기를 했다. 다음 세 가지로 간추릴 수 있다.

1. 배민은 창업을 꿈꾸고 시작한 서비스가 아니다.

김봉진은 배민 초기에 사업이라고 생각해 본 적이 없다고 했 다. 쉽게 앱을 만들던 시대였고 그저 좋은 서비스가 있으면 좋 겠다는 생각뿐이었다. 앱을 만드는 데 6개월이 걸렸고 다시 6 개월이 지난 후에야 사업자 등록을 했다. 회사로서의 비전도 마련하지 못해서 직원을 뽑을 무렵에야 간신히 생각해 만들었다. 한마디로 배민은 우연찮게 시작됐다. 가볍게 만든 서비스가 어쩌다 사업으로 전환된 것이다.

2. 배민 프로젝트에 참여한 공동 창업자들은 각자 다른 회사를 다니고 있었다.

배민을 만든 멤버들은 모두 김봉진의 지인이었다. 모두 급여가 나오는 회사에 다니고 있었고 그 때문에 자주 볼 수 없었다. 그래서 메신저로 의사소통하며 일을 했다. 멤버 전체가 처음으로 모인 것은 앱이 완성된 후였다.

3. 무언가를 하나 시도했다고 끝까지 밀어붙이는 건 좋지 않다.

대담을 읽으며 가장 의외라고 생각했던 부분이다. 창업자로서 유의해야 할 점이 무엇이냐는 질문에 대한 김봉진의 대답이다. 이 부분은 그의 말을 직접 들어 보자.

"저는 배수의 진을 절대 치지 말라고 강조해요. 배수의 진이라는 건 어렵고 절박한 상황이잖아요. 왜 스스로 그런 상황을 만드느냐 하는 거죠. 오히려 무언가를 꼭 해내야겠다고 독하게 결심하면 문제가 생기는 것 같아요. 그러면 같이 일하는 사람들도 힘들어져요. 즐기면서 작은 성장들을 만들어 나가는 것이 중요하

죠. 아주 비장한 각오로 한다? 사업이 나라를 구하는 문제는 아니
잖아요."●

이제 내가 왜 김봉진의 성공 스토리가 밋밋하다고 했는지
이해되는가. 어렵고 절박한 상황을 정면으로 돌파하겠다는 독
한 결심을 칭찬하지는 못할망정 비판자의 입장에 서 있다. 이
런 주인공을 영화나 드라마에서 본 적이 있는가.

맨땅에 헤딩하는 사람 VS 배수의 진을 치지 않는 사람. 둘
다 김봉진을 바라보는 시각이다. 한 사람의 성공을 어떤 관점
에서 볼 것인가에 따라 성공 요인은 달라진다. 주인공의 메시
지도 완전히 달라진다. 관점의 힘이고 스토리의 힘이다.

그는 올인하지 않았다

김봉진의 성공을 바라보는 일반적인 언론의 태도는 다음과 같
다. '공고 출신의 CEO, 전공도 경영과 기술과 거리가 먼 디자
인, 사업 실패의 좌절을 딛고 창업한 맨주먹의 사나이.' 김봉진

● 홍성태, 「배민다움」, 북스톤, 2016, 57쪽

은 유니콘을 일군 흙수저의 신화다. 어떤 기자는 김봉진을 현대기업을 창업한 정주영 회장에 비교하기도 했다. 그는 흙수저의 희망이자 도전 정신의 아이콘이다.

그런데 정작 김봉인은 생뚱한 말을 하고 있다. 성공하겠다는 절박함이 없었다니. 대차게 말아먹은 흙수저의 독한 각오는 소설에나 나오는 건가. 오히려 흙수저는 꼭 독해야 하는가라고 묻는 듯하다. 인터뷰를 하며 김봉진이 배수의 진을 절대 치지 않는다고 했을 때, 독자들에게 오해의 여지가 있을 것 같다고 판단해서일까? 홍성태 교수는 사업가로서 '리스크'에 대해서 어떻게 생각하는지 물어봤다.

"사람들은 통념상 창업가들은 많은 위험을 무릅쓰는 경향, 리스크를 두려워하지 않는 편이라고 생각하기 쉬운데, 사실 꼭 그렇진 않거든요. 리스크를 잘 예상해서 피하고 분산해야 오히려 좋은 결과를 얻을 수 있을 것 같아요. 보수적으로요."

그의 말마따나 김봉진은 보수적인 사람이다. 배달의 민족을 창업할 때 전념하기는커녕 돈을 버는 다른 일을 하고 있지 않았는가.

만약 김봉진이 배달의 민족에 '올인'했으면 어땠을까? 다시 말해 직장을 뛰쳐나와 생활비 따위엔 신경도 안 쓰고 앱 개발에 전념했다면 어땠을까? 월화수목금금금 모든 시간을 사업에 바쳤다면?

결과는 둘 중 하나일 거다. 성공하거나 실패하거나. 대박은 우리가 아는 사실이고 실패했으면 쪽박이었을 거다. 실패가 남긴 참혹함은 이미 가구점을 운영하다 폭삭 망했을 때 경험했다.

배달의 민족이 성공하지 못했다면 어땠을까? 힌트는 당시 김봉진의 상황에 있다. 그는 디자이너와 사업가라는 두 가지 길에 양다리를 걸쳤다. 한 길이 막혔을 때 다른 길을 가면 그만이다.

김봉진은 인터뷰 곳곳에서 아이디어보다 실행의 중요성을 언급한다. 그리고 실행할 땐 안전을 살피라고 강조한다. 정리하면 그의 성공 요인은 '안전한 실행'이라 말할 수 있다. 가볍게 시작하되, 한 가지에 올인하지 말라는 메시지다. 이 명제는 객관적으로 얼마나 신뢰할 수 있을까? 김봉진은 일반적인 CEO일까? 아니면 특이한 CEO일까?

그럼에도 불구하고
그들은 혁신가가 되었다

애덤 그랜트(Adam Grant) 교수는 와튼스쿨에서 조직심리학을 가르치며 세상을 바꾼 사람들의 특성을 오랫동안 연구했다. 전통에 의문을 제기하고 기존 질서에 도전장을 내밀어 성공한 사람들은 어떤 공통점이 있을까? 저서 『오리지널스』에서 한 가지 일화를 소개한다.

2009년 닐 블루멘털(Neil Blumenthal)이라는 학생이 그랜트 교수의 수업을 듣고 있었다. 어느 날 닐은 그에게 사업 구상을 설명하며 투자해 달라고 제안했다. 교수는 부정적인 반응을 보였다. 이유는 한두 가지가 아니었다.

먼저 사업 아이템. 안경을 온라인으로 산다는 게 상상이 가지 않았다. 창업 멤버들이 모두 재학 중인 학생이라는 사실을 알았을 땐 실패를 직감했다. 가용할 수 있는 시간 전부를 쏟아부어도 시원찮을 판에 공부하며 사업을 한다? 한심한 젊은이들이라 생각했다.

그런데 교수는 닐의 이야기를 듣고 두 손 들었다. 학생들은 연말에 졸업할 예정이었는데, 모두 다른 직장을 구해 놓은 상태였다. 사업이 잘 안될 경우를 대비해서 대안을 마련해 놓은 것이다. 기업가로서 성공하겠다는 절실한 마음은 그 어디에도 보이지 않았다.

교수가 투자하지 않기로 결정한 회사는 몇 달 뒤 '와비파커'라는 이름으로 사업자 등록을 했다. 와비파커는 와튼스쿨 출신인 닐 블루멘털, 앤드류 헌트, 데이비드 길보아가 만든 회사다. '안경이 왜 아이폰만큼이나 비싸야 하나'라는 질문에서 시작해 2010년 2월 창업했다. 5년 뒤 미국 월간지 「패스트컴퍼니」는 최고의 혁신 기업으로 와비파커를 꼽았다. 한심하다 생각했던 젊은 창립자들이 키운 회사는 한때 구글과 애플을 눌렀다.

의외의 궁합, 도전과 안전

애덤 그랜트 교수는 와비파커의 성공 과정을 보며 충격을 받왔다. 이들은 어떻게 안정이라는 레드 오션에서 역발상을 했을까. 어떻게 상식적으로도 떠올릴 수 있는 수많은 어려움을 극복하고 돌파구를 마련했던 것일까. 애덤 그랜트 교수는 그 비밀이 '위험을 완화하려는 창립자들의 성향'이라고 결론 내렸다. 위험 분산 전략은 의외로 많은 혁신가들에게 공통적으로 나타나는 특성이었다.

"그들은 전통에 의문을 제기하고, 기존 질서에 도전장을 내밀기 때문에 표면적으로는 대담하고 자신만만해 보인다. 하지만 그런 겉모습을 한 꺼풀 벗겨 내면, 그들 또한 두려움과 우유부단함과 회의에 시달린다는 것을 알 수 있다. 우리는 그들을 자발적으로 행동하는 사람들이라고 여기지만, 그들도 다른 사람들이 부추겨서 행동하는 경우가 종종 있고, 이따금 다른 사람들이 시켜서 억지로 하는 경우도 있다. 그들은 기꺼이 위험을 감수하려는 것처럼 보이지만, 실제로 그들은 위험을 회피하고 싶어 한다."[•]

애덤 그랜트 교수는 성취 욕구와 독창성 사이가 반비례 관계라고 주장한다. 강한 성취 욕구는 더 열심히 일하는 동기는

• 애덤 그랜트, 「오리지널스」 한국경제신문, 2016, 44쪽

될지언정 독창성에는 독이다. 성취에 높은 가치를 부여할수록 실패를 두려워해서 성공이 보장된 길을 택하고 싶어지기 때문이다. 세상을 바꾼 독창성은 성취 욕구가 낮은 상태에서 꽃을 피웠다.

그는 몇 가지 일화를 제시했다. 위대한 사람들의 찌질한 흑역사라고 할까. 예를 들어, 마틴 루터 킹(Martin Luther King)은 본인이 주도적으로 민권운동을 이끄는 데 주저했다고 한다. 그의 꿈은 목사였지 운동가는 아니었다. 1955년 훗날 세계적인 사건이 된 로자 파크스(Rosa Parks) 차별 재판이 일어났을 때였다. 민권운동가들이 대응책을 마련하려고 모였다. 거기서 누군가가 루터 킹을 협회장으로 추대했다. 만약 생각할 겨를이 있었다면 그 자리를 고사했을 거라고 킹 목사는 회고했다.

워싱턴 행진 연설을 앞두고 킹 목사는 두려움에 사로잡혔다. 하지만 그는 두려움을 이겨 냈고 1963년 그 유명한 '나에게는 꿈이 있습니다'라는 연설로 미국을 하나로 만들었다.

애플 창업 초기에도 비하인드 스토리가 있었다. 1977년에 한 투자자가 찾아와 25만 달러를 제시했다. 조건이 있었는데 스티브 워즈니악(Steve Wozniak)에게 애플의 일에 전념해 달라는 것. 당시 워즈니악은 휴렛팩커드에 다니고 있었다. 그는 창업하고 싶지 않다고 의사를 표현했다. 스티브 잡스(Steve Jobs)와 주변 사람들이 설득하고 나서야 비로소 생각을 바꿨다. 훗날 이 일을 회고하며 회사를 그만둬야 하는 상황이 두려웠다고 털어 놓았다.

사람들은 빌 게이츠(Bill Gates)가 마이크로소프트를 창업하기 위해 하버드를 중퇴한 것으로 알고 있다. 하지만 순서가 바뀌었다. 1975년 뉴멕시코 주 앨버커키의 작은 아파트에서 마이크로소프트를 창업했을 때 빌게이츠는 학생이었다. 그는 사업과 학업을 병행하며 일 년 동안 메사추세츠에서 뉴멕시코까지 장거리를 오가는 생활을 했다.

더 이상 두 가지 일을 하지 못하겠다고 판단한 건 1976년이었다. 그리고 사람들은 빌 게이츠가 중퇴한 것으로 알고 있지만 사실은 휴학이었다. 그는 훗날 사업이 안 풀리면 학교로 돌아올 생각이었다고 고백했다.

애덤 그랜트 교수는 다수의 창시자들이 자신의 모든 것을 걸지 않고 안전한 방법을 택했다는 것을 밝혀냈다. 그의 연구에 따르면 "안전한 실행이 성공 요인"이라 했던 배달의 민족 CEO 김봉진의 태도는 지극히 자연스럽다.

그들은 위험분산 포트폴리오가 지닌 핵심적인 장점을 간파하고 있었다. 즉 한 분야에서 안전을 확보하면 다른 분야에서는 자유롭게 독창성을 발휘하게 된다는 사실이다.

애덤 그랜트 교수는 상상한다. 세상에는 얼마나 많은 마틴 루터 킹과 워즈니악이 있을까. 반면 행동이 두려워 묻혀버린 독창적인 아이디어가 얼마나 많을 것인가.

성공 스토리의 함정

나도 상상해 본다. 우리는 얼마나 많은 김봉진 같은 성공한 사람에 대해 오해를 해 왔던가. 얼마나 많은 성공 스토리를 읽고 의심하지 않았던가. 성공을 하려면 엄청난 위험을 감수해야 한다고 믿어 왔던가. 또한 스스로를 소심하다며 얼마나 자책해 왔던가.

그들은 잘못이 없다. 잘못은 그들의 이야기를 매개하는 미디어에 있다. 책, TV, 라디오, 잡지, 신문, 유튜브, 영화. 우리가 그들을 만나는 방식은 대개 미디어를 통해서다. 미디어는 독자의 눈과 청자의 귀를 붙잡고 싶어 한다. 그래서 항상 더 재미있는 이야기, 더 놀라운 이야기를 찾는다. 그러다 보니 스토리텔러들은 더 극적인 이야기를 만들어 낸다.

여기에 함정이 있다. 사람들은 미디어에서 하는 이야기를 모두 믿는다. 선구적인 인물을 부러워하고 존경하고 닮고자 한다. 그러나 욕구도 그때뿐 돌아서면 잊힌다. 그들은 이미 현실 세계의 인물이 아니기 때문에 내 삶의 모델로 들어오지 않는 다. 나와 너무 다른 사람을 어떻게 받아들일 수 있겠는가.

우리에게는 더 다양한 미디어가 필요하다. 시시하다며 생략 되고 편집된 이야기도 담을 수 있는 다양한 그릇이 있을 때 더 많은 배움이 존재할 수 있다.

실행을 막는 가장 큰 적은 두려움이다. 두려움의 실체가 과 장된 정보에 기반한다면 우선 해야 할 일은 정보를 정확하게 전달하는 일이다. 나는 버려진 이야기를 담기로 했다. 굳이 알 필요 없다 생각했던 이야기를 굳이 알리기로 했다. 이를 통해 그들은 날 때부터 적합한 자질을 가지고 태어났을 거라는 편 견을 깨고 싶었다. 진정한 롤 모델을 찾기 위해서였다.

작가들은 필요한
퍼즐만 맞춘다

일본의 건축 거장 안도 다다오(あんどうただお)가 방한했을 때 기자가 물었다. "어떻게 권투를 하다가 건축으로 옮겨갔습니까?" 다다오는 그 질문을 가장 많이 받는다고 했다. 다다오는 어려운 가정 형편 때문에 진학을 포기하고 프로 권투 선수가 됐다. 전적은 23전 13승 3패 7무. 실력이 떨어지는 선수는 아니었다.

"권투경기를 마치고 집으로 향하던 어느 날 헌책방에 놓인 스위스 건축가 르 코르뷔제(Le Corbusier)의 작품집을 보게 됐습니다. 전율이 일었고, 그날로 '건축의 길을 걷겠다.'고 결심했습니다."•

• '일본의 건축 거장 안도 다다오, 늘 도전하고 스스로 깨뜨려라', 헤럴드경제, 2012.08.28.

운명처럼 만난 외국 건축가의 책이 인생의 변곡점이 되었다. 대학 교육을 전혀 받지 않은 다다오는 여행과 독학으로 공부를 시작했다. 열 평짜리 작은 주택을 짓는 일로 시작해 노출 콘크리트 공법으로 자신만의 건축 세계를 창조했다. 다다오는 인터뷰 말미에 젊은 건축가들에 대한 조언을 빠뜨리지 않았다.

"직장인 근성이 생기면 그걸로 끝이다. 고인 물이 된다. 남과 다른 것을 내놓기 위해 늘 도전하고 스스로를 깨뜨려야 미래가 있다."

안도 다다오는 도전과 열정의 건축가라는 평을 받는다. 자서전 『나, 건축가 안도 다다오』가 나왔을 때 한국판 추천사를 쓴 김광현 서울대 건축학과 교수는 다다오의 성공 요인을 이렇게 평했다.

"학력주의가 뿌리 깊은 일본 사회에서 대학 교육을 받지 않고 독학으로 건축의 길을 걸어온 반생은 순풍에 돛을 단 배하고는 거리가 먼 어려움의 연속이었다. 하지만 소형 도시 주택 설계로 출발한 이래 '이 기회를 놓치면 끝장'이라는 심정으로 매 작업마다 안간힘을 다했다. 돌아보니 그런 역경이 어느새 긴장감의 지속을 견뎌 낼 수 있는 강인함을 길러 준 것 같다."•

이 정도 설명만으로도 우리는 안도 다다오에 대한 이미지를 그릴 수 있다. 다다오는 한계에 맞서 도전하는 삶의 표상이다. 예술가뿐만 아니라 대중들에게도 많은 귀감을 주고 있다. 생전에 위인전이 나온 이유도 아마 이유가 다르지 않을 것이다. 아무리 어려운 환경에 처하더라도 노력하면 꿈을 이룰 수 있다는 것 아닌가.

굳이 하지 않는 이야기

권투 선수에서 건축가로의 전환. 인생을 바꾼 것은 운명처럼 만난 외국 건축가의 책이었다. 그런데 다다오는 자서전에서 권투를 그만둔 '또 다른 이유'에 대해 설명한다.

"하라다 선수가 내가 속한 체육관에 연습하러 온 적이 있다. 현역 스타 선수를 눈앞에서 볼 수 있다는 행운에 처음에는 그저 기쁘기만 했다. 하지만 체육관 동료들과 함께 그의 스파링을 보던 나는 마음이 이내 싸늘하게 식어 버리는 것을 느꼈다. 스피드, 파

● 안도 다다오, 『나, 건축가 안도 다다오』, 안그라픽스, 2009, 2쪽

워, 심폐기능, 회복력, 어디를 봐도 나오는 차원이 달랐다. 내가 아무리 노력해도 절대로 저렇게까지 발전할 수는 없을 거라는 엄혹한 현실을 목도한 것이다. '권투로 살아갈 수도 있을지도 모른다'는 희미한 기대가 완전히 무너져 버리자 나는 즉시 권투를 그만두었다."•

다다오는 권투를 그만둔 이유를 생생히 묘사했다. 그의 말을 빌리자면 이런 가정도 성립한다. 하라다라는 대스타를 가까이서 보지 않았다면 권투로 살아갈 수도 있겠다는 기대는 무너지지 않았을 것이다(어쩌면 건축의 길을 걷지 않았을지도 모른다).

권투를 직업으로까지 선택한 마당에 최고가 될 수 없다는 이유로 포기한단 말인가? 다다오가 만약 세계적인 건축가가 되지 않았다면 이 에피소드는 어떻게 평가될까? 평범한 건축가가 되었다면 어땠을까? 그저 가족에게나 해 줄 수 있는 에피소드로 남지 않았을까? 그도 아닌 일반 회사원이 되었다면? 기록의 가치나 인정받을 수 있었을까?

다다오는 '권투를 그만둔 이유에 대해' 두 가지 이야기를 했다. 언론 인터뷰에서는 건축의 길을 걷기 위해서라고 했다. 자

• 안도 다다오, 『나, 건축가 안도 다다오』, 안그라픽스, 2009

서전에서는 권투로 성공할 수 없을 것 같아서라고 밝혔다. 둘 다 한 사람이 이야기했으니 거짓은 없을 것이다. 일이 발생한 시점도 비슷한데 다만 메시지는 상당히 다르다.

당신이 작가라면 어떤 이야기를 쓰겠는가. 힘들다고 포기했던 찌질한 과거사를 불러올 것인가? 아니면 헌책방에 있는 책 한 권에 꽂혀 운명을 스스로 개척해 낸 이야기로 끌고 가겠는가? 솜씨 좋은 작가라면 후자를 선택할 것이다. 작가가 드라마 포인트를 놓칠 리 없다.

배달의 민족 김봉진의 성공 스토리를 기억하는가. 우리가 알고 있는 이야기는 재미있는데 반해 그가 직접 말하는 이야기는 왠지 심심하다. 그 이유는 관점의 차이다. 나는 이를 주인공의 관점과 작가의 관점 차이로 본다.

관점 1 (주인공의 관점)

주인공이 작성한 글과 목소리가 담긴 콘텐츠다. 본인 저술, 대중 강의, 인터뷰어와 대담이 이에 해당한다. 본인만 알고 있는 사실, 본인만 말할 수 있는 사실이 많으며 가장 진실에 가깝다 (물론 본인이 정직할 때만이 맞는 말이다). 다만 스토리텔링은 본인 역량에 달려 있다. 오리지널 콘텐츠로서 가치는 있지만 재미는 보장하지 않는다. 김봉진 스스로 끌고 가는 스토리가 흥미진진하지 않은 이유다.

관점 2 (작가의 관점)

우리에게 가장 익숙한 이야기 구조. 주인공을 다룬 책, 다큐멘터리, 영화 등이 대표적이다. 콘텐츠 소비자와 작가 모두 주인공이 이룩한 결론을 알고 있다. 이력도 대체로 알고 있다. 그러니까 출판이나 방송 소재로 채택됐을 거다.

남은 승부처는 성공으로 가는 과정의 이야기. 새로운 발견이라는 구성 요소도 중요하지만 승패는 극적인 요소가 가른다. 이를 위해 주인공의 삶 중 드라마 구조에 기여하지 않은 부분은 과감히 생략된다(김봉진이 밝힌 내용에서 '절박하지 않았다', '사업으로 생각하지 않았다' 같은 말은 작가의 관점에서 볼 때 굳이 쓰고 싶지 않은 부분이다).

스토리는 한 인물을 이해하는 데 큰 역할을 한다. 스토리의 가장 큰 존재 이유는 보게 만들고 읽게 만드는 힘이다. 스토리가 있는 인물은 쉽게 빠져 든다.

반면 위험성도 있다. 스토리 자체가 사고의 프레임 역할을 한다. 프레임에 갇히면 프레임 밖은 잘 안 보인다. 스토리텔러가 생략한 사실은 아예 존재하지 않는다. 존재하지 않은 것처럼 있는 것들 중에서 어떤 것은 숨어 있는 보석이다. 내가 김봉진에게서 발견한 보석은 '절실하지 않음의 역설'이다.

안도 다다오의 이야기를 떠올려 보자. 최고의 권투 선수를 보고 무력감에 빠져 권투를 포기한 다다오와 책 한 권에 꽂혀 권투에서 건축으로 진로를 변경한 다다오 모두 같은 사람이다. 다다오를 배우고 싶은 사람에게는 두 이야기를 모두 아는 것이 도움이 된다. 하지만 다시 한번 강조하지만 작가들은 재미없는 이야기를 굳이 살리지 않는다. 실제 안도 다다오의 성공 스토리에서 가장 유명한 에피소드는 '헌책방에서 건축가 르 코르뷔제의 작품집을 발견'한 순간이다.

우연 뒤에 숨은 이야기

만약 우연찮게 르 코르뷔제 작품집을 발견하지 못했다면 안도 다다오도 없는 것일까? 그럴지도 모른다. 가 보지 않은 인생을 걸고 장담하는 건 쓸데없는 것이다. 우연도 그냥 우연이라고 넘길 게 아니라 면밀히 살펴봐야 할 포인트가 있다. 우연에도 원인이 다분한 우연이 있기 때문이다.

다다오는 자서전에서 고교를 졸업한 열여덟 살을 이렇게 회상한다.

　"이 시점에 건축가라는 직업을 명확하게 의식했던 것은 아니다. 하지만 고등학교 때부터 교토, 나라 주변의 서원이나 다실 같은 일본의 전통 건축물이 좋아서 종종 보러 다녔다. 고등학교 2학년 봄에 난생 처음 도쿄 구경을 할 때도 프랑크 로이드 라이트(Frank Lloyd Wright)가 설계한 데이코쿠 호텔이 가장 기억에 남았다. 막연하기는 해도 어쩌면 물건 만들기 너머로 건축을 꿈꾸었는지도 모른다."

　다다오가 권투 글러브를 벗었을 때 그에게는 아무것도 없었다. 적어도 당시는 그렇게 믿었다. 하지만 '점의 연결'이 늘 그렇듯 뒤돌아보니 보였다. 그에게는 경험이라는 자산이 있었다. 어릴 때 살던 시타마치에는 목공소, 금형공장 등이 널려 있었다. 어린 다다오의 놀이터였고 건축과의 인연은 그곳에서 시작됐다. 청소년기에는 전통 건축물이 좋아서 돌아다니던 시간이 있었다. 다다오는 권투를 하면서도 건축에 양다리를 걸치고 있었던 거다.

　다다오의 삶이 긍정적 자극이 되는 건 분명하다. 하지만 영웅적 요소가 강조되면 될수록 우린 필요 이상의 소외감도 안고 가야 한다. 우리의 모습과 너무 다르기 때문이다. 우리가 더욱 다다오를 삶의 모델로 받아들이기 위해서는 보다 입체적으로 봐야 한다. 위인이기 전에 인간이고 도전하기 전에 두려움으로 가득한 범인으로서 말이다.

참조라는 딜레마

2020년 세계를 덮친 바이러스 코로나 19는 열 살 아이에게도 큰 이슈였다.

"아빠, 회사에서 일할 때 마스크 쓰지?" "그럼."

"사람들하고 대화할 때 마스크 쓰지?" "그럼 그럼."

"밥 먹을 때 빼곤 계속 쓰고 있지?" "그럼 당연하지."

아이의 질문은 기자 저리 가라 할 정도로 집요했다. 이해하지 못하는 바는 아니었다. 매일 확진자 뉴스를 접하며 두려웠던 거다. 아빠가 대부분 밖에서 사람을 만나는 걸 아는지라 더 무서웠을 거다. 아이의 궁금증은 점점 진화했고 가끔은 대답하기 곤란할 만큼 쐐기를 박는 질문도 있었다.

"혼자 있을 때도 쓰지?"

그렇다 하기에도 아니라 하기에도 참 난감한 질문이었다.

"왜 빨리 대답 안 해?"

아이는 엄마를 쳐다봤다. 그리고 다시 나의 눈을 쳐다봤다. 나는 반사적으로 아내의 표정을 살폈다. 아내가 아이의 의도에 동의하는 순간 나는 수세에 몰릴 것을 알기 때문이다. 아이는 판단이 애매할 때 주로 엄마를 쳐다본다. 물론 상대가 엄마일 땐 아빠의 반응을 보기도 한다. 부모들이라면 아이의 그런 행동이 무엇을 의미하는지 알고 있다. 아이는 참조할 수 있는 대상이 필요한 거다.

사회적 참조라는 본능

어린 아이들은 해석이 모호한 상황에서 올바른 판단을 위해 종종 부모의 반응을 살핀다. 이를 발달심리학에선 '사회적 참조(social referencing)'라고 한다. 불안한 상황에서 스스로를 보호하기 위한 자연스러운 본능이다.

이러한 본능은 일찍 관찰된다. 영아들은 생후 24개월이 되면서 본격적으로 사회적 참조를 한다. 이를테면 아기들은 낯선 사람을 만나면 불안해서 고개를 획 돌린다. 그런데 부모와 친숙한 관계라는 것이 확인되면 다시 자연스러운 행동으로 돌아온다.

뛰어가다가 엎어졌을 때 아기의 반응을 보라. 순간 누군가를 쳐다본다. 울어야 할 것 같기도 하고 아닌 것 같기도 할 때 가까이 있는 부모를 슬쩍 바라본다. 이때 부모의 반응은 아기의 행동에 좌표 역할을 한다. 부모가 크게 걱정하는 반응을 하면 아기는 (역시 큰일 났구나 생각하고) 눈물을 와락 쏟는다. 반면 괜찮다고 부드럽게 안아 주면 잠시 낑낑대다 아무렇지 않게 일어선다.

발달에서 사회적 참조가 중요한 이유는 양육자가 제1의 롤모델이 된다는 것을 보여 주는 가장 큰 증거이기 때문이다. 아이가 커가면서 맞닥뜨리는 혼란스런 상황은 한두 가지가 아니다. 예를 들어, 놀이터에서 놀고 있는데 다른 인종의 가족이 들어온 상황을 가정해 보자. 한국말이 서툰 친구가 아이에게 다가와 같이 놀자는 몸짓을 보일 때 부모가 "이제 그만 가자."라고 하면 그 자체가 부정적인 메시지를 내포한다. 아이는 나와 다른 인종과 어울리지 않는 것이 올바른 행동이라는 왜곡된 해석을 하게 된다.

아이들은 헷갈리는 상황에서 맥락에 대한 타인의 해석이나 반응을 보고 대상에 대한 정보를 얻는다. 타인 중에 가장 신뢰도 높은 대상은 부모다. 부모의 행동은 인간의 초기 발달에 지대한 영향을 끼친다.

사회적 참조는 비단 어린아이들에게 국한되는 특징이 아니다. 성인들도 낯선 상황에서 주변을 살피고 때론 눈치를 본다. 외국 식당에서 처음 보는 메뉴를 펼쳤을 때를 상상해 보자. 주변 사람들이 무슨 음식을 먹는지 슬쩍 보고 주문했다면 당신은 사회적 참조를 한 것이다.

인간은 사회적 동물이다. 따라서 비교하고 참조하는 건 생존과 발달을 위해 꼭 필요하다. 하지만 무턱대고 따라 하는 건 곤란하다. 물론 건강한 성인은 다수의 행동을 생각 없이 따라 하지 않는다. 하지만 내가 그 행동을 따르지 않는다고 해서 영향권 밖으로 벗어났다는 의미는 아니다. 우리가 부지불식간에 참조하는 것들은 수두룩하다.

사회적 증거라는 학습

사회적 참조와 비슷한 개념으로 사회심리학에선 '사회적 증거(social evidence)'라는 말을 쓴다. 주변 다수의 행동 중 옳다고 믿는 것을 사회적 증거라고 한다. 남들 웃을 때 나만 안 웃으면 나만 이상한가 생각할 수 있다. 이를 역이용해서 방송국에서는 스튜디오 녹화할 때 방청객을 모시기도 한다. 방청객의 웃음소리를 통해 시청자들의 웃음을 자극하게 하기 위해서다.

사회적 증거는 1935년 사회심리학자 무자퍼 셰리프(Muzafer Sherif)가 연구를 통해 처음 밝혀낸 심리적 편향이다. 이에 대해 심리학자 로버트 치알디니(Robert Cialdini)의 실험이 유명하다.

미국의 한 호텔에서 고객들에게 타월 재사용을 권유하기 위한 세 가지 안내 문구를 만들었다.

1) 타월을 재사용하면 환경 보호에 도움이 됩니다. (문구를 본 35%가 타월을 재사용했다)

2) 대부분의 고객이 타월을 재사용하고 있습니다. (문구를 본 44%가 타월을 재사용했다)

3) 이 방에 머물렀던 대부분의 고객이 타월을 재사용했습니다.

세 번째 문구를 본 고객의 타월 재사용 비율은 49%로 더 올라 갔다. 방에 머무르는 고객들과 관련성이 높았기 때문에 두 번째 문구보다 더 효과적이었다.

사람들은 애매할 땐 눈치를 보다가 다수를 따른다. 꼭 눈치를 보지 않더라도 다수의 생각이라는 것을 암묵적으로 알고 지지한다. 타인이 많이 하는 행동을 옳다고 생각하고 따라 하는 건 '대체로' 유익하다고 판단하기 때문이다. 하지만 사회적 증거는 양면성이 있다. 남들이 안 하는 것을 보고 포기할 수밖에 없는 근거로 활용되기도 한다.

개운하지 않은 격언들

사회적 증거 중 일부는 검증을 거쳐 한 문장만 남아 격언이 된다. 사회생활 하면서 가장 많이 듣는 격언은 아마 '노력'에 대한 것일 거다. "노력 없이 발전 없다."와 같은 말은 너무나 당연해서 반론의 여지가 없다. "실패는 성공의 어머니"라는 말도 마찬가지다.

격언은 변형의 변형을 거치며 다른 문장으로 후세에 전수되는 특징이 있다. 미국의 작가 말콤 글래드웰(Malcolm Gladwell)은 저서 『아웃라이어』를 통해 유명한 '1만 시간의 법칙'을 주장했다. 책은 세계적인 베스트셀러가 됐다. "어느 분야에서든 최고의 전문가가 되려면 1만 시간의 연습이 필요하다."라는 명제는 격언의 반열에 올랐다. 격언으로 인정받는 순간 우리는 의심을 멈추고 메시지를 절대적으로 믿는다.

하지만 격언을 계속 마주하다 보면 어딘가 개운하지 않은 느낌이 든다. 부담스럽기 때문이다. 도대체 어디까지 노력해야 하는 걸까. 점차 나는 뛰어난 그들과 다른 사람이라는 것을 인정하게 된다. 웬만한 노력 가지고는 어림도 없다고 스스로의 부족함을 합리화하게 된다. 닮고자 했던 롤 모델은 아이러니하게도 '가까이 가기에 너무 먼 당신'이 된다. 위인전을 보면 볼수록 나는 위인이 절대 될 수 없다고 확신하는 역설이 생긴다.

1만 시간의 법칙에 대한 이야기를 조금 더 이어 가 보자. 노력의 중요성을 역설한 이 용어를 뒷받침하는 실증 사례는 널려 있다. 일본의 심리학자 사카키바라 아야코(さかきばら よしこ)는 2세에서 6세 사이 어린이 24명을 대상으로 도쿄의 음악 학교에서 하루에 몇 분씩 피아노 음을 식별하는 교육 프로그램을 이수하게 했다. 그리고 1년 반의 시간이 흘렀다. 그 결과 연구에 참여한 모든 아이가 절대음감을 갖게 됐다. 놀랍지 않은가. 이것이 노력의 힘이다.

1만 시간의 법칙 신드롬이 지구를 한 바퀴 휩쓸었을 때 딴지를 거는 용감한 사람이 나타났다. 그는 1만 시간의 법칙의 원논문 작성자인 안데르스 에릭슨(Anders Ericsson) 교수다. 그는 그의 논문으로 유명해진 말콤 글래드웰 덕분에 진땀을 뺐다. "노력은 왜 우리를 배신하지요?"라는 날카로운 질문에 대한 대답은 오로지 원 저자의 몫이었다.

노력에는 절대적인 시간이 필요하다. 하지만 노력에서 질을 빼면 노력의 영향력은 허무할 만큼 줄어든다. 에릭슨 교수가 말한 '1만 시간'은 바로 노력의 질적인 측면을 강조하게 위해 꺼낸 개념이다. 이른바 많은 노력도 중요하지만 '의식적인' 노력이 더 중요하다는 것이다.

이를 위해 에릭슨이 제시한 개념은 '컴포트 존(comfort zone)'이다. 우리 몸이 가장 편안하게 느끼는 상태를 가리키는 비유인데, 익숙함에 따른 정체를 의미한다. 그는 컴포트 존에 머물러 있으면 1만 시간을 투자한들 발전은커녕 오히려 퇴보할 수 있다고 주장한다. 컴포트 존을 벗어나려고 스스로를 밀어붙여야 질적인 발전이 있다는 것이다.

그의 메시지는 '노력에도 전략이 필요하다'라고 요약할 수 있다. 바꾸어 말하면 무턱대고 열심히 한다고 성공하는 건 아니라는 의미다. 전략을 잘 짜면 노력의 양을 줄일 수도 있다는 말이다.

그렇다면 왜 말콤 글래드웰은 노력의 질에 대해 언급하지 않았을까? 그 이유에 대해선 확인할 수 없는 추론만 있다. (나는 그를 탁월한 스토리텔러로 인정한다.) 중요한 건 그가 '굳이' 노력의 다른 면에 대해 이야기하지 않았다는 것이다. 그럼에도 불구하고 우리들은 열광했고 때론 그로 인해 자책했다.

노력만큼이나 우리를 주눅 들게 만드는 건 도전 정신이다.

배는 항구에 정박해 있을 때 가장 안전하다. 하지만 그것이 배의 존재 이유는 아니다. - 김범수. NHH을 떠나며. 2011년 3월 28일 기자 간담회에서

성공한 사람들로부터 가장 자주 듣는 메시지는 도전 정신이다. 소설가 베르나르(Bernard Werber)는 이렇게 말했다. "위험을 받아들일 줄 모르면 아무것도 할 수 없어요." 인터넷 포털에서 '도전 정신'이라고 키워드를 넣고 엔터 키를 쳐 보자. 도전에 대한 지칠 만큼의 많은 기사와 이야기를 발견할 것이다.

노력의 결과로 얻는 성공은 값지다. 용기 있는 행동은 인간의 위대함을 보여 준다. 나는 이런 사람들을 존경한다. 남보다 다른 노력을 한 사람 혹은 용기 있는 행동은 삶의 좋은 자극이 된다. 더군다나 그들은 타인에게 좋은 영향력을 행사한 사람들 아닌가.

하지만 약간 딴지를 걸고 싶다. 그들의 성공 스토리는 마치 드라마처럼 필연적인 구조를 가지고 있다. 잘 안 풀리던 일은 더 강한 사람이 되기 위한 역경이 된다. 새로운 시각은 아니다.

어려운 일을 해냈을 때 전보다 유능해지기 마련이니까.

이들의 이야기가 갖고 있는 감동의 힘은 현실까지 내려오다 멈춘다. 심적 부담 때문이다. 도전 정신도 마찬가지다. 성장하기 위해서는 실패가 필요하다. 하지만 미디어에서 그린 그들은 마치 인생 모든 것을 건 사람처럼 느껴진다. 실패가 뻔히 보이는데 뛰어드는 사람이 얼마나 있을까? 더군다나 정말 모든 것을 걸어야 하는 상황이라면? 그래도 도전하라고 하는 건 진심일까? 그렇다면 어떻게 하면 사회적 증거라는 편향을 극복할 수 있을까? 먼저 생각해 볼 수 있는 건 편향의 가능성을 애초에 차단하는 거다.

새로운 사회적 증거의 필요성

세계적인 경제 매거진 「HBR(하버드비즈니스리뷰)」는 2020년 한 해를 보내며 매년 진행하던 '베스트 CEO' 랭킹 발표를 중단하겠다고 선언했다. 베스트 CEO는 최고의 비즈니스 리더를 소개함으로써 리더의 평가에 대한 사회적 논의를 이끌겠다는 의도로 2014년 도입되어 가장 많이 읽히는 기사 중 하나로 꼽히곤 했다.

그럼에도 불구하고 랭킹 발표를 중단하기로 결정한 건 편향성 논란 때문이다. 매년 리스트에 올라오는 CEO의 절대 다수는 남성이었고 또 대부분 백인이었다. 그래서 다양성이 부족하지 않느냐는 비판이 매년 끊이지 않았다. 그때마다 「HBR」 측은 '순위 분석 대상이 되는 S&P 1200 대기업 CEO 대부분이 백인 남성이어서 그런 결과가 나온 것'이라고 설명했다.

틀린 말은 아니다. 하지만 「HBR」은 현재 상황을 긍정적인 것처럼 보일 수 있는 리스트의 편향을 극복하기로 결정했다. 더 큰 사회적 편익을 위한 작지만 용기 있는 결정이었다.

사회적 증거라는 편향을 극복하는 또 다른 방법은 '새로운 사회적 증거'를 자꾸 노출시키는 것이다. 예를 들어 다음과 같은 방식을 생각해 볼 수 있다.

현재의 사회적 증거

1) 그들은 한길을 걸었다.

2) 그들은 도전 정신이 강했다.

새로운 사회적 증거

1) 그들은 처음부터 한길을 걷지 않았다. (그들은 언젠가부터 한길을 걸었다.)

2) 그들은 처음부터 도전 정신이 강하지 않았다. (그들은 위험 회피 전략이 뛰어났다.)

새로운 사회적 증거를 접하면 마인드에도 변화가 생긴다. 보다 유연해진다. 나의 경우 '한 가지에 집중적으로 노력하지 않으면 내 꿈은 실현되기 어려운가?'와 같은 질문에 시달렸다. 하지만 새로운 사회적 증거를 접하고 마인드를 바꾸었다. 한 가지에 집중적으로 노력하는 건 꿈을 실현하는 절대적인 원칙이 아니라 하나의 방법이다. 길은 생각보다 많다.

예를 들어 많은 사람들은 장 앙리 파브르(Jean-Henri Fabre)를 안다. 대개 파브르에 대한 이미지는 곤충에서 시작해서 곤충으로 삶을 마감한 곤충학자일 것이다. 틀린 말은 아니다. 무려 84세까지 10권의 『곤충기』를 남겼으니 곤충의 시인, 곤충의 아버지로 불리는 것도 과장은 아니다.

하지만 파브르는 사회생활을 화학 교사로 시작해서 물리학자를 거쳤다. 심지어 교사로서 평판 역시 훌륭했다. 곤충학에 일생을 바치기로 한 건 그 이후의 일이다. 처음부터 한 길 인생은 아니었다는 거다.

그렇다면 '어서 빨리 좋아하는 일에 미쳐라'라고 하기 이전에 어떻게 '좋아하는 일에 도달하게 되었는가'에 대해 이야기하는 것이 더 도움이 되지 않을까? 우리에게는 다양한 롤 모델이 필요하다.

결론을 내려 본다. 사회적 증거가 언제나 옳은 것은 아니다. 인간의 삶을 한 문장으로 정리할 수 없다. 새겨 들어야 할 말도 특정 맥락에서만 진실로서 가치가 있다. 그렇지 않고 언제나 진실인 것처럼 포장하는 건 약간의 과장을 보태 형법에서 말하는 '미필적 고의'라 할 수 있다. 말하고 쓰는 사람도 애초에 의심을 하고 있다는 의미다. 읽고 듣는 사람도 맹목적 믿음에 대해 이따금 의심할 필요가 있다. 이것이 격언으로부터 스스로 소외시키지 않는 길이다.

SAFETY ZONE

제 2 장

많이 걸칠수록
많이 얻는다

「개콘」해체가
남긴 메시지

2020년 6월 26일. 대한민국 최장수 개그 프로그램 KBS「개그 콘서트(개콘)」이 막을 내렸다. 「개콘」은 20년 국민 예능이자 개그 스타의 등용문이었다. 하지만 급변하는 방송 환경의 파고 앞에선 속수무책이었다. 20%를 넘던 TV 시청률은 십 년 사이 반의 반 토막이 났다.

레전드 코너를 엮은 마지막 방송은 웃음과 눈물이 범벅이 되었다. 코너가 마무리될 때마다 객석에 앉아 있던 개그맨들은 눈물을 감추지 못했다. 무대는 그들에게 일터였다. 프로그램이 사라진다는 건 다니던 회사가 사라지는 것과 같았다.

"이제는 유튜브가 대세야."

'분장실의 강선생님' 코너를 이끌던 강유미는 마지막 방송에서 뼈 때리는 개그를 했다. TV 출연하던 개그맨들이라고 모르지 않았다. 상당수는 이미 유튜브 채널을 개설했다. 강유미는 2015년부터 '좋아서 하는 채널'이라는 이름을 걸고 유튜버로 활약하고 있었다. 김준호는 '얼간 김준호'라는 채널을 개설해 1년 만에 구독자 40만 명을 끌어 모았다. SBS 「웃찾사」 출신 개그맨들이 만든 '흔한남매'는 지상파를 넘는 인기를 얻었다.

그러나 유튜브에서 '성공'한 개그맨들은 손가락으로 꼽는다. TV는 가장 큰 일자리이자 얼굴을 알릴 수 있는 기회였다. 신인 개그맨들에게는 꿈의 무대가 역사가 되어 버렸다. 얼굴이 알려졌다고 상황이 딱히 나은 것도 아니었다. 예능으로 갈아타지 못한 개그맨들은 갈 곳이 마땅치 않았다. 왕년의 스타들은 차츰 잊혀지고 있었다.

스타들의 변신

「개콘」이 폐지된 다음 달. '안어벙 안상태 영화감독 변신'이라는 기사가 눈에 들어왔다. 방송 마지막 회를 함께했던지라 새로운 타이틀은 언론의 주목을 받았다. 그동안의 단편 영화들을 재편집해 공개했는데 이벤트 차원의 데뷔가 아니었다. 알고 보니 안상태는 2017년부터 2020년까지 총 일곱 편의 단편 영화를 제작한 프로 감독이었다.

안상태가 영화에 관심을 가지게 된 것은 개인사로 인해 방송을 하지 못하던 2009년이었다. 사람들은 아무것도 안 하는 줄 알았지만 그때 「상태 좋아?」라는 1인극을 했다. 콘셉트 상 여러 인물들이 나와야 하는데 옷을 갈아입을 시간이 없어서 자신이 만든 영상을 틀었다. 1분 30초짜리 영상 4개를 만들었는데 관객들의 반응이 의외로 좋았다. 그때부터 방송 출연을 하는 틈틈이 영상을 제작하고 공부도 본격적으로 하게 됐다.

그해 겨울 또 다른 기사 제목. 'CJ슈퍼레이스 시즌 랭킹 2위.' "스타가 되고 싶으면 연락해."라는 매니저 캐릭터로 유명했던 한민관은 카레이서로 소식을 알렸다. 인터넷에서 그의 인물 정보를 보니 소속사가 2개다. 하나는 엔터테인먼트 회사, 다른 하나는 레이싱팀. 2016년에는 같은 레이스에서 시즌 우승을 할 만큼 이미 베테랑으로 인정받고 있었다.

낯익은 이름과 낯선 직업의 연결은 참신했다. '봉숭아 학당'에서 댄서 킴으로 선풍적인 인기를 끌었던 김기수는 뷰티 크리에디터로 활동하고 있었다. 2017년에는 대한민국 뷰티어워드 뷰티크리에이터 부문 수상의 영예를 얻기도 했다. 그의 얼굴은 이제 유튜브와 홈쇼핑에서 볼 수 있다.

세바스찬 캐릭터로 "나가 있어~"라는 유행어를 만들어 낸 임혁필의 이름은 미술 전시회에서 볼 수 있었다. 개그맨보다는 샌드 아티스트라는 이름이 점점 더 익숙해지고 있다.

긴 역사답게 「개콘」 출신들의 활동도 다양했다. '전국구'의 김기리는 어느새 완벽한 정극 배우가 됐다. '우격다짐' 코너를 이끌던 이정수는 몇 권의 책을 낸 작가로서 왕성하게 대중 강의를 했다. 스스로는 변신이 아닌 건강한 예능인일 뿐이라고 말했다.

미디어와 무관한 분야로 진출한 경우도 있다. 몸짱 개그맨으로 스타덤에 오른 허경환은 사업가가 되었다. '두근두근' 코너를 진행했던 장효인은 보육 교사가 됐다. 아이들은 그녀가 개그맨이었다는 사실을 부모를 통해 듣는다.

두 부류의 사람

무대가 사라지고 난 후, 나는 두 부류의 개그맨을 보았다. '생존'을 걱정하는 사람과 그렇지 않은 사람. 일부 개그맨은 개그 말고 할 수 있는 것이 없어 몇 달 사이 음식 배달과 택시 운전을 했던 일화를 털어 놓는다. 반면 양다리를 걸친 일부 개그맨은 제2의 자아를 찾아 가고 있다고 했다.

　나는 이런 상상을 해 봤다. 시대 변화가 지금보다는 더디었다면 어땠을까? 여전히 개그맨들이 바쁘게 무대에 올랐다면 변화의 양상은 많이 달랐을까? 개그가 천직이라 믿었던 사람들이 원치 않은 생업을 찾아 떠나는 일은 줄었을 것이다. 나아가 양다리를 걸친 사람들 중에도 계속 개그를 하며 얼굴을 알리는 사람이 많았을 것이다. 그들은 여전히 기회가 있으면 예능에 출연하고 무대에 오른다.

　나는 궁금해졌다. 내 삶의 무대가 사라지면 어떤 일이 일어날까? 예고치 않은 사건은 누구에게나 일어날 수 있는 법이다. 무대가 사라지지 않더라도 인생 변곡점이라는 것이 있다. 서로 다른 길로의 전환은 어떻게 일어날까. 그중 어떤 것은 혹시 「개콘」 개그맨들의 양다리 같은 건 아닐까? 나아가 성공이라는 것도 어떤 사람들에게는 양다리 중에 얻어 걸린 보석 같은 것이 아닐까?

나는 양다리를
걸치기로 했다

한 결혼 정보 회사에서 이색적인 설문 조사를 했다.• "결혼 상대를 최종적으로 고르는 단계에서 다중 교제가 필요할까요?" 질문을 대했을 때 나는 눈을 의심했다. 다중 교제라는 건 시쳇말로 '양다리' 아닌가. 그러니까 질문을 쉽게 바꾸어 보면 이렇게 되는 거다.

"결혼 직전에 여러 이성과 양다리를 걸치는 게 필요할까요?"

질문보다 더 놀라운 건 결과였다. 남성(56%)과 여성(60%)의 절반 이상이 결혼 직전 다중 교제가 필요하다고 응답했다. 표

• '미혼남녀 설문서 드러난 다중 교제 본심은?', 스포츠경향, 2020.12.23.

본 집단이 500명으로 신뢰도의 한계를 인정하더라도 충격적이었다.

왜 미혼 남녀들은 다중 교제가 필요하다고 답했을까. 1위와 2위 모두 40%의 답변으로 비중이 비슷했다. '최선의 배우자 선택을 하기 위해' 그리고 '교제 중 헤어질 경우에 대비해서'가 다중 교제 필요의 이유였다.

설문 주최 측은 '결혼을 진지하게 생각하는 단계가 되면 교제하는 이성이 있어도 마음 한 구석에는 불안감이 있어서' 여러 걱정을 하게 된다고 결과를 자체 분석했다.

놀랍긴 하지만 일리 있는 말이었다. 결혼 전과 결혼 후의 삶은 얼마나 다른가. 얼마나 불안한가. 결혼 전을 생각해 보자. 눈앞에 서 있는 그 사람과는 결혼 생활을 해 본 적도 없지 않은가. 불안이 본능이라면 불안을 해소하려는 것도 본능일 것이다. 비록 양심의 가책과 사회적 규범으로 실행은 못 하더라도 말이다.

불안이 이렇게 위력적이다. 불안은 공포와 다르게 아직 일어나지 않은 상황에 대해 느끼는 심리다. 인지심리학자 김경일 교수는 "인간이 가장 싫어하는 것이 바로 불확실하고 모호한 불안한 상태"라고 말했다. 불안 앞에 안절부절못하는 인간의 모습은 부끄러운 일면이 아니다.

나는 생존에 과하게 집착하는 내 찌질함에 대해 되돌아봤다. 그리고 더 이상 질타하지 않기로 했다. 먹고 사는 문제보다 더한 불안이 있는가. 자아실현이라는 거룩한 목적 때문에 굳이 생존을 내팽개치고 불덩이에 뛰어들 이유가 있을까.

결혼 전에도 양다리를 상상하는 마당에 무엇이 부끄럽다 숨길 필요가 있을까. 잘난 사람들 중에 양다리를 걸친 사람도 얼마나 많은가. 나는 양다리를 진로의 좌표로 받아들이기로 했다. 그것이 직업윤리와 사회적 신뢰를 깨지 않는다면 말이다.

여러 가지의 나

2020년 등장한 신조어 '부캐'는 나의 선택을 지지해 주었다. MBC의 예능 프로그램「놀면 뭐하니?」에서 유재석이 온갖 미션을 통해 다양한 부캐를 선보이면서 대중 사이에서 은밀히 유행하던 부캐가 수면 위로 떠올랐다.

부캐는 부캐릭터의 줄임말로 게임에서 사용되던 말이다. 본래 캐릭터 외에 새로운 캐릭터를 의미한다. 부캐는 일상으로

● 김경일, '인지심리학, 리더에게 말을 걸다: 불안 요인을 제거하라', SERIPRO, 2020

들어오며 직장 생활과 직장 외 생활을 구분할 때 쓰기도 한다. 넓은 의미로는 평소의 나의 모습이 아닌 새로운 모습으로 행동할 때를 가리키는 말로 사용되고 있다.

평생 직장 개념이 사라진 지 오래다. 신종 코로나 19 사태는 급변하는 현실을 몸소 느끼게 해 주었다. 여러 개의 직업을 선택하는 사람들이 늘고 있다. 보통 'N잡'이라고 할 때는 퇴근하고 배달을 하거나 대리운전을 하는 직장인을 떠올렸는데 요즘엔 앱 개발, 유튜버 등 다양해졌다. 명함 관리 앱 '리멤버'가 2020년 직장인을 대상으로 한 설문 조사 결과 4명 중 1명이 본업 외 부업 활동을 하고 있다고 답했다.

회사가 자신의 인생을 책임질 거라 믿는 사람은 거의 없다. 그래서 직장인 중에는 소사장님이 적지 않다. 주간에는 수영 강사로 일하고 밤에는 쇼핑몰을 운영하는 사장도 있고, 대기업에 다니며 밤에는 학원 강사로 아이들을 가르치는 사람도 있다.

하지만 N잡의 목적이 꼭 돈벌이에 한정되지도 않는다. 백영선 플라잉웨일 대표는 카카오 출신 기획자이자 마케터다. 회사 생활을 하며 사이드 프로젝트로 「낯선대학」, 「리뷰빙자리뷰」, 「100일 프로젝트」 등 다수의 커뮤니티 프로그램을 진행했다. SNS에서는 '록담'이라는 필명으로 유명하다. 백영선 대표는 카카오에서 퇴사 후 프리랜서를 자처하며 매일 다른 회사에 출근하는 삶을 살고 있다.

"내가 직장을 다니면서 하는 일은 내 뜻대로 되는 게 아니더라고요. 선택할 수 있는 일이 아니라 주어지는 거죠. 스스로 컨트롤할 수 있는 것이 별로 없어요. 가장 매치가 좋을 때는 입사할 때입니다. 나의 능력과 회사의 니즈가 맞아떨어질 때 입사를 하게 되는 거잖아요. 저도 그랬어요. 하지만 원하던 부서와 다른 부서로 배치를 받게 되면서 일의 가치와 내가 불일치하고 정체성이 흔들렸어요. 능력이 없는 사람 같고 자존감은 계속 하락했죠. 회사 가는 게 너무 두렵더라고요. '버틴다'라는 말밖엔 떠오르지 않았어요."•

또 다른 꿈

부캐는 왜 등장했는가. 먼저 '경제적 불안'이라는 배경이 있다. 한국 경제의 대들보라는 제조업이 예전만큼 힘을 못 쓴 지 오

• 최재원, 『나의 첫 사이드 프로젝트』, 휴머니스트, 2020, 21쪽

래다. 코로나 19는 고공 성장하던 항공업도 추락시켰다. 30대 은행원이 세상이 불안해 공인중개사 시험을 준비하는 세상이다. 상상 이상의 일들이 너무 쉽게 일어나고 있다. 안전한 직장은 '한 개'도 없다. 믿고 의지할 직업, 예측 가능한 전망은 역사 속으로 사라졌다.

또 다른 배경엔 '사회적 불만'이 있다. 특히 직장이라는 조직 구조에서 수동적으로 따라야 하는 나를 진정한 나라고 여기지 못하기 때문이기도 하다. 이런 내재적 불만에 한 사람의 정체성을 바라보는 사람들의 관점도 점차 변하고 있다. 문화평론가 정덕현은 이렇게 말한다.

"한 사람이 한 가지의 일관된 모습이어야 한다고 강요되던 시대에서 이제는 한 사람 안에도 다양한 모습들이 공존하고 그것은 이상한 것이 아니라고 보는 시대가 열린 겁니다."◆

마지막으로 부캐 현상의 본질을 자아실현의 욕구에서 찾을 수 있다. 가령 내가 방송 프로듀서라고 해서 성취감과 만족감을 느낄 수 있는 유일한 직업이 프로듀서라고 할 순 없다. 혹은

◆ '세계관의 변화 상징하는 부캐의 열풍', 시사저널, 2021.01.02.

본 직업에서조차 불충분할 수 있다. 그렇다면 결국 어딘가에서 찾아야 한다는 결론에 이른다.

자아실현은 잠재되어 있던 자아의 인정에서 시작된다. 개그맨 박나래의 말을 들어 보자. 그녀는 특유의 솔직함 때문에 이런 질문을 받는다고 한다.

"간혹 남들이 낮게 본다고 느낄 때 자존감이 낮아지지 않나요?" 그녀는 무대에서 남들에게 웃음거리가 되는 것에 대해 전혀 신경 쓰지 않는다고 한다. 그 비결을 이렇게 말한다. "힘들 땐 그렇게 생각해요. 오케이 난 괜찮아. 술 먹는 박나래가 있으니까. 개그맨인 박나래가 있고, 여자 박나래가 있고 디제잉을 하는 박나래가 있으니까 괜찮아. 그걸 인지하고 있으면 하나가 실패하더라도 괜찮아요. 또 다른 내가 되면 되니까요."•

나는 박나래가 말하는 여러 자아에 대한 깊이 공감한다. 나아가 부캐의 장점을 하나 더하고자 한다. 바로 안전하다는 것. 부캐의 본질은 아니지만 가장 큰 장점이라고 생각한다. 부캐 예찬론자인 최재원은 저서 『나의 첫 사이드 프로젝트』에서 다

• 박나래, "지금 실패했다고 내 인생이 실패한 건 아니야", 마이크임팩트 강연, 2017

음과 같이 말했다. "직장인이 꽃을 못 만든다고 해서 이상할 것이 없고, 사업가가 그림을 잘 못 그린다고 해서 힘들 것이 없고, 유튜브를 시작하는 사람이 처음부터 잘할 수 없죠." 실패해도 괜찮다는 것. 실패해도 나의 인생에 전혀 영향이 없다는 것. 그것만으로도 시작하는 데 큰 힘이 되는 것은 아닐까.

특히 당신이 직장인이라면 '회사 안에서' 부캐를 찾으면 더할 나위 없이 좋다. 혼자서 할 수 없는 큰 규모의 일을 회사의 인프라를 활용할 수 있다. 게다가 실패하더라도 치명적인 상처가 없다.

나는 부캐가 일시적 현상으로 스쳐가지 않기를 희망한다. 더 많은 사람들이 부캐에 동참하고 더 많은 사람들이 자신도 미처 몰랐던 가능성을 꺼내기 위해 양다리를 걸치기를 바란다.

길은 다리 사이로
흐른다

어쩌면 그들은 다른 무엇이 될 수도 있었다. 하지만 그들은 그 길을 선택하고 나선 다른 길은 쳐다보지도 않았다. 한 가지 일에만 전념하며 살아가는 인생. 우리는 이런 삶을 외길 인생이라 부른다.

"가요계는 온통 댄스의 열기에 휩싸여 있었다. 그런 상황에서 록을 하겠다는 내가 이상하게 보인 것은 지극히 당연한 일이었다. 그러나 나에게 있어서 음악은 곧 록이었다. 음악을 하겠다고 결심한 순간부터 오로지 록만을 생각했다."●

● 김경호, 『멈추지 않으면 끝나지 않는다』, 알에이치코리아, 2013, 17쪽

스무 살 청년은 음악을 한다면 꼭 록이여야만 한다고 다짐했다. 아버지의 반대를 꺾었다. 목소리가 좋아 '다른 장르를 해 보는 게 어떻겠냐'는 기획사의 권유도 무시했다. 청년은 마침내 스타가 되었고 뿌연 밤하늘에도 별이 있었다는 것을 증명해 보였다.

90년대 말 혜성같이 등장한 김경호를 기억한다. TV에서 오랜만에 장발의 가수를 보았다. 목소리는 힘차면서도 섬세했다. 묘한 매력이 있었다. 4옥타브를 넘나드는 가창력에 대중의 반응은 폭발적이었다. 「나를 슬프게 하는 사람들」은 기적을 만들어 냈다. 앨범 선주문만 70만 장. 김경호는 시나위, 들국화, 백두산 같은 록 밴드들이 빠진 자리를 채우며 가요 시장을 더욱 키워 냈다.

외길 인생은 성공한 사람들의 삶에서 많이 발견된다. 아무래도 한 우물만 파는 것이 성공의 측면에선 유리하다 할 수 있을 것이다. 한국 축구를 세계에 알린 히딩크(Guus Hiddink) 감독의 자서전을 보면 축구에서 시작해서 축구로 끝난다. 선수 시절에는 그다지 두각을 나타내지 못했지만 월드컵을 통해 마침내 세계적인 명장에 올랐다. 축구라는 한 우물을 판 결과라 해석해도 이상하게 들리지 않는다.

태어나 한 가지만 생각하며 산다는 건 어찌 보면 축복 아닐까라는 생각이 든다. 신문에서 최고령 의사의 부고 기사를 보았다. 94세로 별세한 의사 한원주. 의료선교원을 운영하며 수십 년간 무료 진료 봉사 활동을 할 만큼 존경받는 인물이었다. 그는 숙환으로 삶을 마치기 한 달 전까지 매일 10명 이상의 환자를 돌보며 가운을 벗지 않았다. 영면 한 해 전에는『백세 현역이 어찌 꿈이랴』라는 제목의 책도 재출간할 만큼 왕성하게 활동했다. 최고령 현역 의사라는 타이틀 자체가 뉴스가 되기 충분했다. 미디어가 그를 존경하는 시선으로 본 것은 한길을 오래도록 갔다는 이유였다.

다큐멘터리에서도 그의 삶을 다룬 적이 있었다. 구순이 넘었지만 의사로서 왕성히 활동하고 있을 때였다. 직업에 대한 소명 의식과 봉사 정신은 시청자들에게 감동을 안겼다. 제작진이 물어봤다. "힘들지 않나요?"

그는 힘들지 않다고 했다. 이유는 단순했다.

"매일매일 즐겁게 사는 삶을 살고 있으니까."

같은 일만 하며 살면 지겹지 않을까 싶지만 그에게는 해당이 없었다. 매일 즐거운 삶을 뛰어 넘는 삶이 있을까? 참 부러웠다. 한 길을 가면서 뚜렷한 족적을 남긴 삶. 나아가 이따금 재미까지 동행한 삶. 그야말로 최고 아닐까?

양다리가 개척한 샛길

외길 인생과 다르게 사는 사람들이 있다. 진로의 시작과 끝이 일치하지 않는 경우라 할 수 있겠다. 외길 인생과 여러 모로 비교되니 편의상 '샛길 인생'이라 하자. 성공한 외길 인생은 책으로 나온다. 그들 앞에는 거장, 거인 같은 수식어도 곧잘 붙는다. 반면 샛길 인생은 책보다는 기사에 가끔 실린다. 여러 사람들의 삶을 들여다보면서 그런 생각이 들었다. '존경'이라는 단어는 샛길 인생과는 거리가 먼 것일까. 왜 존경은 외길 인생에만 존재할까.

세계적인 한국무용가 이매방 선생이 대한민국 국회대상 공로상을 받은 후 한 인터뷰에서 이렇게 말했다.

"나는 샛길로 안 빠지고 외길로 춤추는 것만 생각하며 살아왔다."•

이 한 문장에 많은 의미가 있다. 샛길은 빠지는 거다. 그것도 주로 좋지 않은 쪽으로. 고속도로를 타고 가다 인터체인지를

• '샛길로 빠지지 않고 춤만 생각', 머니투데이, 2015.05.15.

헷갈려 고생한 기억을 떠올려 보자. 그런 것이 샛길이다. 잘못 빠지는 상황은 또 있다. 누군가는 친구 잘못 만나 허비한 시간도 있을 거다. 역시 샛길이다. 국어사전에서도 엉뚱한 곳으로 가거나 정도에서 벗어난 일을 하는 것을 '샛길로 빠진다'로 서술한다. 이렇게 규정된 삶에 존경이 어울리겠는가. 샛길 인생은 잘해야 '이색'이라는 타이틀이 붙는다.

KBS 아나운서 출신 최송현은 프리랜서 선언 이후 연기자로 얼굴을 알렸다. 어릴 때 꿈이 배우였다고 한다. 방송 MC도 맡고 있지만 영화 「영건 탐정연구소」에서 주연을 맡을 만큼 배우로 왕성하게 활동하고 있다.

오랜만에 예능에 출연했을 때 열애 스토리가 알려졌는데 그보다 더 화제가 된 건 그녀의 새로운 관심사였다. 최송현이 만난 지 한 달 만에 결혼을 결심한 사람은 스킨 스쿠버 강사였다. 그런데 최송현 본인도 따라 스킨 스쿠버 강사가 됐다. 그녀가 먼저 사랑한 게 사람인지 바다인지는 알 수 없다. 중요한 건 그녀가 자격증 하나 따고 명목상 직업 리스트에 올린 게 아니라는 사실이다. 관련 자격증만 스무 개가 넘는다. 장롱 자격증이 아니라 실제 강사로도 활동하고 있다. 그녀는 운영 중인 유튜브 채널을 통해 "수중 콘텐츠를 중심으로 하는 유튜버가 되겠다."라는 포부를 밝히기도 했다.

아나운서에서 배우로, 다시 스킨스쿠버로. 이 모든 것을 동시에 품고 가는 다중 직업의 삶을 해내는 그녀의 선택이 부러웠다. 가장 부러운 건 무엇보다 본인이 만족한다는 사실이다. 최고령 의사 한원주의 삶과 많이 다르지만 스스로 만족한다는 점에서는 다를 바 없었다.

어떤 사람의 삶이 외길이냐, 샛길이냐를 우리가 알기는 어렵다. 특히 외길로 알려진 경우 본인이 샛길의 기억을 지우면 사회적으로 아예 존재하지 않게 된다. 샛길을 존경하는 풍토가 없는 걸 고려하면 더 그렇다. 그런 점에서 나는 샛길 인생이 외길 인생보다 훨씬 많다고 추정한다.

겉으로 봤을 때는 외길 인생으로 불릴 법한 사람들 중에 의외의 인물이 많다. 시대의 아버지 상을 보여 준 원로 배우 송재호는 80세 넘어서까지 연기를 했다. 의사 한원주처럼 평생 한 길을 간 것 같지만 알고 보니 그는 아나운서 최송현처럼 여러 길을 간 사람이었다. 영면 후 국민들의 애도를 받았을 때 비로소 그의 삶이 세세히 조명되었다.

송재호는 대학을 졸업하고 성우로 데뷔했다. 이후 연기자로 전업했고 안방극장과 스크린을 오가며 200편이 넘게 연기 활동을 했다. 그의 샛길엔 특이하게도 국제사격연맹 심판 자격이 있다. 젊은 시절 사격 선수를 위한 영화를 촬영한 것이 계기가 되어 직접 사격을 하게 됐다고 했다. 한번 시작하면 끝장을 보는 성격이라 전국 체전에 나가 메달까지 땄다. 내친김에 심판 자격증을 갖춰 1988년 서울 올림픽 때는 사격 종목 보조 심판도 맡았다. 이 정도면 취미라고 할 순 없을 것이다. 그뿐만 아니라 환경과 야생동물에도 관심이 많아 야생생물관리협회장을 역임하기도 했다.

외길 인생이 아니었을 뿐

내가 눈여겨본 점은 송재호 인생에 샛길이 있었다는 것이 아니다. 그보다는 양다리를 걸쳤다는 점이다. 다시 말해 여러 일을 했다는 점이 아니라 여러 일을 '동시에 했다'는 점이다. 그 바쁜 연기 생활 중에도 시간을 쪼개며 직업이라 부를 만큼 굵직한 일을 했다.

어떤 한 사람의 삶에서 샛길이 개척되던 '시점'을 추적해 보는 일은 흥미롭다. 「개콘」이 해체되며 스타들의 새로운 면모가 알려졌을 때도 확인했듯이 그들은 하던 일을 못 해서 새로운 일을 시작한 게 아니었다. 오래전부터 하던 일이 알려졌을 뿐이다. 엄밀히 말해 그들은 변신을 한 게 아니다. 변신이라는 수식어를 넣은 건 미디어였다.

개그맨 임혁필은 샌드 아트를 하기 전에 이미 만화책『Feel So Good』(2008)을 출간한 만화가였다. 2010년엔 첫 개인전도 열었다. 방송을 하면서도 틈틈이 만화와 서양화를 그리고 공연을 기획했다. 어떤 시각으로 보면 사이드 잡이 개그맨이었다. 실제 임혁필은 대학 졸업 후 '추억이나 한번 만들어 보자'는 생각으로 응시한 개그맨 시험에 덜컥 합격한 우연이 있었다고 한다. 오히려 샛길은 개그 인생이었다. 우리가 그의 이력을 의아하게 느끼는 건 개그맨의 삶이 더 유명했기 때문이다.

한민관은 어느 날 경기를 관람하다 레이싱의 매력에 빠져버렸다. 바로 중고차를 구입해 아마추어 레이싱을 시작했다. 전성기였던 2008년에도 「개그콘서트」 연습을 하며 동시에 카 레이싱 연습을 했다. 그렇게 취미로 시작했다가 2011년 정식 프로 레이서에 입문하며 직업이 됐고, 2016년과 2019년 라운드 우승을 차지할 만큼 탁월한 기량을 인정받았다.

김기수는 오랫동안 법정 다툼을 하며 일이 끊겼을 때 평소 좋아하던 디제잉 공부를 했다고 한다. SNS에 디제잉하는 사진을 올렸는데 중국 관계자로부터 연락을 받고 중국 유명 클럽에서 공연까지 했다.

이때부터 강한 조명에 어울리는 진한 화장을 하기 시작했다. 사실 김기수는 30년 동안 몰래 화장을 했다고 한다. 「개콘」에서 댄서 킴을 할 때도 이미 화장품 덕후였다. 남자라는 이유로 숨겨야 했던 취미 생활이었다. 화장을 잘한다는 친구의 격려에 뷰티 유튜브 채널을 개설했다. 비로소 오랜 점과 점이 연결된 거다. 김기수는 개그맨을 하며 쌓은 입담으로 뷰티 크리에이터로서 빠르게 자리를 잡았다.

임혁필, 한민관, 김기수 이들의 길을 과연 샛길이라 부르는 게 맞을까. 전국체전에 나간 연기자 송재호는 어떻게 볼 것인가. 샛길은 큰길에서 갈라져 나간 작은 길을 말한다. 만약 그 길이 큰길보다 커지면 뭐라 불러야 할까. 혹은 새로운 길이 큰길과 별로 연관성이 없다면? 나는 외길 인생의 반대는 샛길이 아니라 그저 외길 인생이 아니었을 뿐이라고 해야 정확하다고 말하고 싶다.

그런 점에서 외길 인생에는 존경을 담고 샛길은 특이하게 보는 시선은 이제 거두어도 좋지 않을까? 그저 각자 좋아하는 길은 다양하다고 하는 편이 낫지 않을까?

그들은 왜 양다리를
걸쳤을까?

나는 알고 있는 인물들을 양다리의 관점으로 스캔해 보았다. 그 사람이 했던 말, 그 사람이 쓴 글을 샅샅이 살펴봤다. 놀랍게도 많은 사람들이 양다리를 걸쳤다. 인생을 공개한 사람들 중에 외길을 찾는 일이 더 어려웠다. 외길 인생도 훗날의 시각으로 명명된 것뿐이다. 모차르트, 피카소처럼 어릴 때부터 한 길로 쭉 가는 경우는 드물었다. 취미로 양다리를 걸치다 또 하나의 직업으로까지 전환한 사람도 많았다. 나는 이렇게 적극적으로 양다리를 걸친 사람을 '양다리어'라고 부른다.

양다리어들은 왕성한 활동 덕에 모험가 같은 인상을 풍긴다. 하지만 실상은 정반대였다. 양다리어들의 가장 큰 특징은 새로운 일은 추구하되 결코 한 가지 일에 '올인'하지 않는다는 점이다. 왜냐하면 그 선택이 '안전'하기 때문이다.

양다리의 힘—안전

최송현을 언뜻 보면 아나운서를 하다가 호기 있게 때려치우고 연기자 생활에 집중한 것 같지만 가만히 보면 꾸준하게 양다리를 걸쳤다. 영화 「인사동 스캔들」이 개봉한 2009년을 제외하고 거의 매년 TV 프로그램에서 진행을 했다. 2015년 스킨스쿠버 자격증을 땄을 때도 마찬가지였다. 연기를 한다고 진행자로서의 삶을 포기한 적은 없었다. 그런데도 미디어에선 계속 아나운서 출신 연기자라고 하니 아이러니할 뿐이다.

양다리어들은 하던 일을 그만두거나 멈추고 새로운 일을 시작한 경우는 드물었다. 한쪽 다리는 확실하게 안전한 땅에 두고 다른 다리를 통해 모험을 했다. 권지안은 우울증 치료를 위해 시작한 그림에서 새로운 가능성을 발견했다고 했다. 권지안은 가수 솔비로 더 알려져 있다. 솔비는 2012년 유명 작가들이 소속된 아뜰리에와 계약을 맺었지만 매년 콘서트도 빼놓지 않고 개최하고 있다.

양다리의 힘-발견

솔비는 여전히 콘서트를 열 만큼 가수로서도 왕성하게 활동하고 있다. 음악과 미술은 상호 보완적이라 앞으로 놓을 생각이 없다고 여러 차례 밝혔다. 그렇다면 가수 솔비와 화가 권지안은 어떻게 동거하고 있을까?

"솔비는 화려해야 해요. 타인에게 보이는 삶에 맞춰져 있는 것 같아요. 사랑받기 위해 더 화려해져야 하는. 그러나 권지안은 반대에요. 소박하고 평범한 삶을 꿈꾸는 사람인 것 같아요. 솔비가 상처받지 않기 위해서 권지안은 솔비를 지켜 주는 든든한 존재인 것 같아요. 권지안은 어른이고 솔비는 아직 애인 것 같은 느낌이에요. 나이를 들수록 솔비보단 권지안으로 더 변해 가는 것 같아요."

솔비의 삶이 앞으로 어떻게 전개될지는 알 수 없다. 하지만 그녀는 자신도 미처 몰랐던 잠재력을 발견하고 심지어 직업으로까지 연결했다. 그것도 아주 안전한 방법으로 말이다. 이만하면 적어도 자아실현이 무엇인지에 대해 말할 수 있는 사람이 된 것 아닐까.

양다리의 힘-연결

여러 가지 일을 동시에 하면 단점이 있다. 이것은 한 가지 일에 집중했을 때의 장점과 정확히 반대편에 있다. 우선 성공 가능성이 떨어진다. 성공은 의식적인 노력의 값진 결과다. 한 가지 일에 매진하고도 성공하지 못한 삶을 우리는 자주 본다.

하지만 꼭 한 가지 일에 집중하지 않고도 성공할 수 있다는 걸 적지 않은 양다리어들은 보여 주고 있다.

솔비의 작품이 2020년 한 미술품 경매에서 낙찰가 1위를 기록하며 파란을 일으켰다. 취미를 넘어 직업을 넘어 성공의 이정표였다. 솔비는 실력으로 증명해 보였다. 그제야 사람들은 그림도 그리는 가수라는 딱지를 떼었다.

그림 쪽에선 10년 이상 작품 활동을 이어 오고 있는 영화배우 하정우도 있다. 2013년 뉴욕에서 전시한 그림은 모두 판매됐고 매년 개인전을 여는 부지런한 화가다. 꼭 한 가지 일에 집중하지 않고도 성공할 수 있다는 걸 적지 않은 양다리어들은 보여 주고 있다.

그들에 대한 환상을 제거하고 민낯을 보는 건 폄하하려는 의도가 아니다. 그들이 성공했든 명망이 높든 그들도 사람이다. 다행인 것은 남들에게 모델이 될 만한 사람들은 자신의 인간적인 면모를 숨기는 데 애를 쓰지 않았다는 사실이다. 우리는 그저 침착하게 그들의 삶을 바라보면 된다. 이를 통해 잠재력이라는 무한한 가능성을 모색하는 건 각자의 몫이다.

김택진의
특별한 야구 사랑

샛길인 듯 아닌 듯 두 마리 토끼를 잡은 사람도 있다. 엔씨소프트 김택진 대표의 이야기다. 그의 야구 사랑은 오래됐다. 초등학교 시절 만화 『거인의 꿈』을 보며 야구를 좋아하게 됐다. 중학교 때는 빠른 볼을 잘 던지려고 팔과 다리에 모래주머니를 차고 다니기도 했다. 커브 볼 책을 구해 본 뒤 몇 달간 밤새 담벼락에서 피칭 연습을 하기도 했다. 변화구를 잘 던지는 롯데 자이언츠 최동원 투수는 어릴 적 영웅이었다.

야구 꿈나무는 공부는 잘했지만 아쉽게도 야구 재능은 따라주지 않았다. 결국 야구공 대신 컴퓨터를 잡았다. 그가 만든 엔씨소프트는 대한민국을 대표하는 IT기업으로 우뚝 섰다.

2011년 프로 야구단을 창설했을 때 사람들은 이제 돈을 많이 벌어 어릴 때 소망하던 야구를 하나 보다 생각했다. 하지만 창단을 준비할 때 주위에 우호적인 사람은 별로 없었다. 당시 엔씨소프트는 야구단을 운영할 정도의 체급이 되지 않았다. 시장의 반응도 차가웠고 주가는 떨어졌다. 구단 운영은 돈 먹는 하마였다. 김택진은 뜻을 굽히지 않았다. "내 재산만 갖고도 프로 야구단을 100년은 운영할 수 있다"며 강력한 의지를 피력했다.

 김 대표는 왜 그렇게 야구단 창단에 집착했을까? 그 이유에 대해 김택진은 간단하게 설명한다. 야구를 좋아해서.

> "어렵고 힘들 때마다 나를 지탱해 준 건 야구였다. 나한테 야구는 내 마음대로 즐길 수 있는 영화이자 삶의 지혜서다."•

 김택진은 정말 야구 선수를 꿈꿨다고 한다. 작은 체구 때문에 선수의 꿈은 포기했지만 대신 꿈을 '야구인을 배출하는 사람'으로 바꾸었다. 그 소망이 바로 프로 야구 구단주였다. 2011년 NC를 창단하기 훨씬 전인 2007년에도 현대 유니콘스를 인수하려고 했지만 성사되지 못한 아픔이 있었다. 이후에도 시간이 날 때마다 서울 잠실야구장을 찾아 '언젠가는 프로 야구단

• '김택진 NC 구단주, 벤처 이어 야구도 성공 신화', 중앙시사매거진, 2020.11.29.

을 만들겠다'는 꿈을 다졌다. 김택진은 사업을 하면서도 꿈을 놓지 않았던 것이다. 나름대로 계속 양다리를 걸쳤던 셈이다.

이제 2011년 야구단 창설 일성을 들어 보면 통상의 총수와 다르다는 것을 느낄 수 있다. 그는 "야구 자체가 목적인 구단을 만들고 싶다."고 했다.

김대표는 엔씨소프트의 IT 기술도 야구에 적극 활용했다. 자체 개발한 전력 분석 영상 시스템을 통해 데이터 야구를 구현했다.

NC는 2020년 정규 리그 첫 우승을 했다. 비로소 명문 구단 반열에 올랐다. 김택진은 우승 소감에서 다시 '꿈'이란 단어를 꺼냈다.

"창단 때부터 꾸었던 꿈 하나를 이루었다. 이제 다음 꿈을 향해 뚜벅뚜벅 걸어가겠다."•

• '게임 명가에서 야구의 꿈 실현하다', 서울와이어, 2020.11.25.

난 아직 날 몰라

가끔은 SNS 친구들이 쓴 책을 아무 정보 없이 읽는다. 『골드키즈야 엄마랑 영어놀이터에서 놀자』도 마찬가지였다. 유아 영어 교육에 관심이 있는 건 아니지만 저자가 소셜 친구라 선택했다.

책을 읽으며 빨려 들어갔다. 중반쯤 읽으며 갑자기 초등학생인 아이와 영어 동화를 읽겠다는 계획을 세웠다. 아니, 나 혼자서라도 읽고 싶어졌다. 영어 학원 원장이라 선입견이 생길 만한데 불편함은 없었다. 영어를 못하던 사람이 영어 선생님이라는 직업인이 되는 과정에서 깨달은 것에 대한 진심이 느껴졌기 때문이다.

저자 이미화 씨는 대학에서 실내건축을 전공했다. 관련된 일을 하다 결혼과 임신 후 일을 그만두었다. 출산 후 아이 영어 교육을 위해 영어 동화책을 읽어 주었다. 이미화 씨는 영어를 잘하고 싶었지만 뜻대로 안 되어 콤플렉스가 있었다. 그래서 아이에게만은 좀 더 편안한 세상을 열어 주겠다는 열망이 있었다.

그렇게 읽어 주기 시작한 영어 동화책에 본인도 점차 빠져 들었다. 급기야 영어 학원을 열고 스스로 선생님이 되었다. 전공은커녕 직업과 전혀 무관한 일을 하게 된 거다. 영어 콤플렉스에서 벗어나지 못하던 사람이 영어 전문가가 됐다. 소셜 친구인 내가 봐도 놀라운데 친구들이 보면 거의 반전이라 할 만하지 않을까.

한순간에 바뀌었다

김우진이 고등학교도 졸업하기 전에 학업을 그만둔 이유는 단순했다. 영화감독이 꿈이어서 어서 빨리 영화 공부를 하고 싶었다. 부모님이 펄쩍 뛰었지만 자식의 고집을 꺾지 못했다. 그는 영화를 배우러 무작정 프랑스에 갔다.

대략 이 정도 스토리가 나오면 그는 영화감독이 됐어야 했다. 하지만 그는 사업가가 되었다. 반전이 따로 없다. 1년 동안 프랑스어 공부를 하다 학비 마련을 위해 유학생들에게 부동산을 중개해 주는 회사에 들어간 게 운명을 틀었다. 회사 사장이 일본 사람이었는데 김우진에게 경영을 맡겼다고 한다. 김우진은 영화를 포기한 이유는 학업을 그만둔 것처럼 단순했다. 경영이 재미있어서.

"경영을 해 보니 너무 재미있더라고요. 대학 진학 포기 소식에 아버지가 프랑스까지 날아오셨지만 저를 인정해 주셨어요. 그렇게 회사를 맡다가, 본격적으로 경영 공부를 해 보고 싶은 마음에 비로소 대학에 갔습니다."●

영화를 공부하기 위해 유학 간 프랑스에서 그는 경영학과에 진학해 석사까지 마쳤다. 졸업 후 국내에 들어와 컨설팅 일을 하다 문서 작업을 쉽게 해 주는 회사 비즈니스캔버스를 창업했다.

역사에는 더 극적인 사례들도 많다. 보리스 파스테르나크

● '영화감독 꿈꾸며 외고 자퇴, 15년 후 반전의 결과', D.CAMP, 2020.12.07.

(Boris Pasternak)는 예술가가 되기에 더없이 이상적인 가정환경에서 자랐다. 아버지는 레닌의 초상화를 그린 미대 교수였고, 어머니는 유명한 피아니스트였다. 부모의 인맥 또한 화려했다. 아버지는 톨스토이와 매우 가까운 친구로 소설 「부활」의 삽화를 그려 주기도 했다. 시인 릴케, 소설가 톨스토이, 작곡가 라흐마니노프 같은 문화계의 거장들이 그의 집에 수시로 드나들었다. 한마디로 그의 집은 미술과 음악, 문학의 향기가 넘쳐나는 예술의 광장이었다.

이 중에서도 그에게 가장 큰 영향을 끼친 것은 음악이었다. 매일 습관처럼 듣는 어머니의 피아노 소리는 삶의 일부가 됐다. 그는 언젠가 "어머니가 피아노를 치다가 건네주는 형언할 수 없는 미소를 잊을 수 없다."고 회상했다. 진로를 음악으로 정한 것은 자연스러운 선택이었다. 아버지는 아들에게 당대 최고의 피아니스트이자 작곡가인 스크리아빈을 소개시켜 주는 등 적극적으로 지원해 주었다. 파스테르나크는 10대 후반의 6년을 음악에 쏟아 부었다.

그러던 어느 날 아들은 부모에게 음악가의 길을 포기하겠다고 선언한다. 자신의 음악적 재능이 뛰어날 정도는 아니라는 자체 판단이 이유의 전부였다. 그는 왠지 철학에 끌렸다. 철학에 두각을 보였다는 증거는 없지만 의지만은 확고했다. 실제

독일 유학까지 떠날 정도로 열의를 보였다. 하지만 성적은 신통치 못했고 공부도 적성에 맞지 않는다는 깨달음만 얻었다. 다시 모스크바로 돌아온 그는 문인이 되고 싶다고 했다. 변덕도 이런 변덕이 어디 있나.

음악가에서 문인의 길까지, 마치 얼토당토않은 길로 빠진 것 같지만 사람들이 예단하듯 뜬금없는 결정은 아니었다. 청소년기부터 톨스토이와 시인 릴케에게서 많은 영향을 받았던 그는 글을 읽고 쓰는 걸 좋아했다. 단지 음악에 가려져 있었을 뿐이다.

파스테르나크는 25세에 자비로 첫 시집을 낸다. 그로부터 40여 년 뒤, 그는 세상을 흔들어 놓을 작품을 내놓는다. 『닥터 지바고』는 젊은 날의 방황이 낳은 그의 일생일대의 대작이다.

인간이 스스로 아는 것은 무엇일까? 영어를 싫어하던 사람이 영어가 좋아서 영어 선생이 된 것이 무심코 흘릴 이야기일까? 영화에 미쳤다고 생각했던 사람이 뜻밖의 사업에서 흥미를 느끼게 된 건 어떻게 봐야 할까? 일과 적성, 심지어 흥미조차도 확정적으로 말할 수 있는 건 있을까?

전혀 생각지도 못한 분야에서 재능을 발견하는 일이 꼭 위대한 사람의 몫은 아니다. 정말 좋아하는 일, 잘할 수 있는 일이 따로 있을 수 있다는 믿음만으로도 삶은 더욱 흥미로워진다.

젊은 시절의 결정들

나는 콘텐츠 기획자를 꿈꾸었다. '꿈'이라고 기록하지 않았을 뿐 이미 그 길로 가고 있었다. 업무로서 방송 제작도 콘텐츠였고, 사적인 글쓰기도 콘텐츠였다.

어느 해 일기장엔 이렇게 썼다. "올해 계획, 모든 미디어를 섭렵한다." 그때 비로소 꿈이 선명해졌다. '미디어의 종류를 가리지 않는 콘텐츠 기획자!' 내 프로젝트의 범위를 미디어 안쪽으로 한정하자고 마음먹었다. 방송 피디 출신으로서 업무 연관성도 있고 경쟁력도 갖출 수 있으니 얼마나 좋은가. 그렇게 정리하니 마음이 편해졌다. 적어도 이어령의 인터뷰를 보기 전까지는 그랬다.

"저는 인생을 굉장히 좁게 살아왔어요. 나는 어렸을 때부터 글 쓰고 책 읽고 사색하는 것만이 인생에서 가장 중요하다고 생각해서 다른 길을 생각한 적이 없었어요. 참 후회스럽기도 해요. 많은 꿈들이 있었으면 다른 가능성도 있었을 텐데. 다양한 꿈을 갖지 못하고 글쓰기만 하겠다. 위대한 작가가 되어야겠다고만 생각했어요. 그래서 다른 일에 무관심하게 살아왔잖아요. 지금 생각해 보면 나처럼 살아온 게 한 번뿐인 내 인생을 정말 값어치 있게 살았다고 말할 수 있을까? 늙어서 깨달으면 큰일 나요. 젊은이는 늙고 늙은이는 죽어요."●

팔순을 훌쩍 넘긴 나이. 이어령은 암 투병 중이었다. 인생을 좁게 살아왔다는 후회. 충격이었다. 이어령이 누구인가. 소설가, 교수, 초대 문화부 장관, 언론인 등 안 해 본 것이 없는 팔방미인 아닌가. 게다가 디지털 시대가 열렸을 때 아날로그의 장점을 끌고 와 디지로그를 주창할 만큼 시대를 앞서간 리더 아닌가. 앞서 나간 어른의 진심은 순식간에 나의 아집으로 뭉친 계획을 해체시켰다.

아, 어찌한다. 나는 위대한 작가가 되고 싶다는 꿈만 없을

● 이어령, "늙어서 깨달으면 큰일나. 젊은이는 늙고 늙은이는 죽어요.", 셀레브, 2018

뿐, 이어령의 젊은 날의 꿈과 비슷했다. '모든 미디어를 기획하며 책 읽고 글 쓰는 삶만 할 수 있다면 얼마나 좋을까' 생각했던 적이 수십 번이다. 의지가 철철 넘치는 꿈이었으나 철저하게 나를 미디어의 울타리에 가둔 것이다.

뜨면 추락한다

이어령의 삶이 궁금해졌다. 선생이 칠순에 쓴 『젊음의 탄생』을 펼쳤다. 그가 기억하고 정의하는 '젊음'은 무엇일까. 첫 장 '뜨면 추락한다. 날아라.' 제목부터가 당대의 문장가다운 힘 있는 메타포다.

이어령 선생은 '뜨는 것'과 '나는 것'의 개념을 먼저 설명한다. 뜬다는 것은 억누르던 중력에서 풀려나 갑자기 가벼워지는 것. 그래서 위로 솟아오르는 것을 의미한다. 공기에 뜨든 물 위에 뜨든 '뜨는 것'의 힘은 밖에서부터 온다. 반면 '나는 것'은 다르다. '나는 것'은 자신의 힘과 그 의지에 의해서 움직인다.

"여러분은 다양성과 개방성 그리고 자율성의 새로운 기류 위에 뜬 대학생들입니다. 이제 자유롭게 자신의 힘으로 날아야 할 때가 온 것이지요. 뜨는 것은 바깥의 힘에 의한 것이지만 나는 것은 자체 동력에 의한 것입니다. 그리고 나는 것은 바람 탓을 하지 않습니다. 이제부터는 부모 탓, 사회 탓, 정치 탓, 아무리 탓을 해도 통하지 않습니다."•

우리는 뜨고 지는 스타를 수없이 본다. 떠 있을 땐 한없이 빛나 보이지만 지기 시작하면 역시 한없다. 어떤 것은 조용히 사라지고 어떤 것은 갑자기 추락한다. 뜬다는 것은 다분히 외부 동력에 의지한다는 말이다. 그래서 높이 뜰수록 감사해야 할 일로 넘친다. 난다는 것은 남다른 노력을 해야 한다는 의미다. 내 삶을 내가 적극적으로 조정한다는 의미다. 어디로 갈지, 어느 정도의 높이로 날지 내가 결정한다는 의미다.

이어령 선생의 조언은 어쩌면 인생 일반에 대한 원리다. 자기 삶을 외부에 의지하지 않고 자기가 결정하는 것. 자기 삶은 다양성과 개방성으로부터 열린다. 늦더라도 적어도 이십 대부터는 훈련해야 한다. 이 원리는 살아 있는 한 멈추지 않는다.

만약 추락했을 땐 어떻게 해야 할까. 추락이라는 말이 거슬린다면 별이 진다고 해도 상관없다. 어차피 누구나 한 번 이상

• 이어령, 『젊음의 탄생』 생각의 나무, 2008

은 경험해야 하는 일이다. 이어령 선생은 해답을 다양성과 가능성으로 제시했다.

"인생은 넓다. 당신이 중요하다고 생각하는 그것만이 길이 아니다. 다른 길도 생각해라. 많은 꿈이 있으면 많은 가능성이 생긴다. 주위에 관심을 가져라. 한 번뿐인 인생 값어치 있게 살려면 당신의 천재성을 깨워야 한다."

80년을 산 어른의 충고는 묵직했다. 난 한 가지 다짐을 했다. '퇴직하고 뭐 먹고 살지…' 같은 한심한 소리는 하지 않겠다고. 대신 질문을 이렇게 시작해 보기로 했다.

"미처 몰랐던 흥미로운 일 없을까?"

생존과 연결되는 해답도 그곳에 있지 않을까?

SAFETY ZONE

제 3 장

안전은 나의 힘

어떤 간절한 하루

간절함. 매우 절실한 상태를 뜻한다. 간절한 상태에서는 간절한 것 외에 다른 것은 안 보인다. 오직 그것만이 있고 그것만을 해야 한다. 이렇게 언어로 표현하는 것만으로도 긴장이 느껴지지만 분명한 장점이 있다. 매일매일 그 일을 떠올리는 만큼 그 일을 실제로 해낼 가능성이 높아진다. 『한 번이라도 모든 걸 걸어본 적 있는가』의 저자 전성민은 한때 게임 폐인이었다가 행정 고시와 입법 고시를 동시에 패스한 힘을 '간절함'이라고 역설했다.

  사람이 간절해지면 모든 걸 걸 수 있다. 마켓컬리 김슬아 대표는 투자 은행을 다니다 창업했다. 신선 식품을 유통하는 마켓컬리는 투자에 적합한 아이디어가 아니었다. 레드 오션이었고 경쟁사들의 규모도 컸다. 그럼에도 불구하고 도전한 이유는 집념이었다. 그 역시 '되게 하겠다'라는 강한 신념이 성공의 비결이라고 말했다.

"어떤 직장을 다니더라도 음식은 최대 고민이었습니다. 점심 메뉴가 맛이 없으면 그날 하루 기분이 안 좋았고 잘 먹고 잘 사는 데 필요한 음식 재료를 구하는 것은 저에게 너무나 중요한 문제였습니다. 이걸 죽기 전에는 꼭 해결하고 싶다는 강한 신념이 있어서 컬리를 창업했습니다. 신념이 있었으니 되게 해야 했습니다."●

반면 간절함의 단점이 있다. 결과에 대한 기대가 과도해 적정 수준 이상의 아드레날린을 분비시켜 일상을 긴장감에 젖게 한다.

대학 졸업 직후 신문사에서 수습기자로 일한 적이 있다. 수습에게 주어지는 과업은 가혹했다. 하루는 정신과 의사를 만나 인터뷰를 했다. 취재 지시였지만 연습이었다. 수습이라고 말하면 안 만나 줄 게 뻔했다. 기사에 날 일도 없는 취재 연습에 응

● '마켓컬리 김슬아의 생각', Byline Network, 2020.11.19.

할 의사가 몇이나 될까.

잘 해내고 싶었다. 문을 노크하고 들어가는 순간부터 나는 베테랑 기자처럼 보이고 싶었다. 수습기자란 사실을 조금이라도 노출하고 싶지 않았다. 왜냐고 물어보면 답변은 궁색하다. 그저 자존심이었다. 명함을 교환하기 전까진 그런대로 성공했다고 믿었다.

인터뷰를 시작하기도 전에 몸이 달궈지기 시작했다. 양손부터 시작해 가슴을 지나 얼굴에 열이 퍼졌다. 질문은 횡설수설. 열은 숨길 수 있었지만 흐르는 땀은 어찌할 수 없었다. 의사는 나의 눈을 뚫어지게 쳐다봤다. 인터뷰는 진작에 망쳤다. 짧은 시간이었지만 나는 그 사람을 원망했다. 그는 분명 나의 동공의 움직임을 보고 있었을 것이다.

그 의사의 얼굴은 생각나지 않지만 아직도 난 서울 지하철 5호선 서대문역을 지나칠 때마다 그 시절이 떠올라 얼굴이 화끈거린다. 이럴 줄 알았으면 차라리 수습이라 밝히고 평소 궁금한 거나 실컷 물어볼 것을.

떨어져도 괜찮아

그의 이력서는 잘 짜인 한 편의 드라마 같았다. 이과 출신으로 공대를 졸업하고 영업 사원으로 일하다가 갑자기 진로를 틀어 동시통역대학원에 진학했다. 마음에 드는 여자 후배에게 잘 보이려고 통역대학원보다 더 어려워 보이는 방송사 공채 시험에 도전했는데 덜컥 합격했다. 평소 TV도 안 보던 사람이 인생 계획에 없던 드라마 피디가 됐다. 다양한 저술로도 알려진 김민식 전 MBC 피디 이야기다.

그의 저서 『나는 질 때마다 이기는 법을 배웠다』에서 밝힌 합격 과정은 더욱 드라마틱하다. 김 피디는 당시 면접 상황을 이렇게 회상한다.

"김민식 씨, 우리가 당신처럼 관련 전공자도 아니고, 텔레비전도 잘 보지 않는 사람을 왜 피디로 뽑아야 합니까?"

"저처럼 TV보다 책을 많이 읽는 사람도 재미있게 볼 프로그램 하나쯤은 필요하지 않을까요?"

김 피디는 자신이 합격한 비결을 이렇게 해석한다. "간절하지 않았기 때문." 어차피 짝사랑 하는 여자에게 잘 보이고 싶은 마음에 지원했고, 떨어지더라도 좋아하는 영어 소설 번역하면서 평생 즐겁게 살 생각이었다. 그렇기 때문에 면접에서 덜 긴장할 수 있었고 더 솔직할 수 있었다.

김민식 피디의 글을 보며 남다르게 공감했다. 나도 꽤나 닮은 경험이 있었기 때문이다. 2001년 겨울, 나는 여느 때처럼 공부하는 친구들과 준비한 자료를 나눠 읽고 토론하고 있었다.

EBS에서 전화가 왔다. "금요일 3시까지 총무팀으로 나오세요." 순간 다음 면접 안내를 잘못 들었다고 생각했다. 최종 합격이었다. 전화를 끊고 애써 흥분을 다스리고 친구들에게 말했다. "방금 전화 왔네. 내가 붙었다고."

백수 생활 1년간 하다 언론사 준비를 다시 시작한 지 불과 석 달. 이미 언론사 준비를 몇 년을 했기에 그 정도 쌓인 실력으론 어림도 없다는 걸 누구보다 잘 알았다. 최종 면접에 참여한 것만으로도 감사한 마음이었다. 어떻게 나 같은 사람이 붙을 수 있었을까? 필기 점수는 대략 턱걸이라는 것은 알고 있었다. 그렇다면 남은 건 한 번으로 끝낸 면접이었을 터다.

"김민태 씨는 뭘 잘합니까?"

"여기 계신 분 열세 분 중 아무나 이름을 주시면 삼행시를 지을 수 있습니다."

애드리브였다. 사실 면접이라고 준비해 간 것도 없었다. 내가 너무 과장되게 말해서였을까? 심사위원 몇 명이 웃었다. 면접에 대한 기억은 그것이 전부다. 나머지 질문에 대한 기억은 면접장을 나오면서 사라졌다. 질문에 답하지 못한 것이 없다는 것만으로도 만족했다. '이 정도면 오랜만에 본 면접치곤 괜찮지 뭐.'

이런 상황에서 합격 전화를 받았으니 크게 당황할 수밖에. 면접의 속성상 참가자 간 상대평가가 있을 것이다. 즉 그날 운이 너무 나빠서 나보다 면접을 못 본 사람도 있을 거란 말이다. 물론 알 길이 없다.

내가 알 수 있는 건, 난 그 날 면접을 간절한 마음으로 치르지 않았고 면접을 보는 내내 평소처럼 긴장하지도 않았다는 사실이다. 어차피 내가 붙을 확률도 낮고, 난 원래 기자 지망이니까 피디가 되지 않는다 한들 다시 기자 시험을 준비하면 될 터였다. 한마디로 아쉬울 게 없었다.

간절함의 역설

살다 보면 간절함이 필요할 때가 있다. 하지만 일상이 간절함으로 덮여 있다면 어떨까? 다른 것들이 눈에 들어올 리가 없다. 결과가 기대만큼 좋지 않다면 그 실망과 좌절감은 기대만큼이나 깊어질 수밖에 없다. 어떤 것에 '올인' 하는 것이 삶을 활기차게 만드는 것이 아니라 오히려 피폐하게 만드는 이유가 된다면 그 길을 갈 것인가?

많은 심리치료사들은 간절함으로 '올인' 하는 행동을 위험하게 본다. '나는 꼭 성공해야 해', '나는 늘 행복해야 해' 같은 다짐 혹은 집착은 '비합리적 신념'의 일종으로 치료사들은 '합리적인 신념'으로 돌려놓는 것을 치료의 목적으로 삼는다. 예를 들어 보자.

비합리적 신념 : 중요한 타인 모두에게 사랑받고 인정받는 것은 절대적으로 필요하다.
합리적 신념 : 모든 이의 사랑과 인정을 받으면 좋겠지만 타인을 사랑하고 인정하는 것이 오히려 바람직하고 생산적이다.●

비합리적 신념의 핵심에는 '당위적 사고'가 자리 잡고 있다. 간절한 태도가 위험을 초래할 수 있는 건 적절한 목표 설정을 넘어 '당위적 사고'로 이어지기 쉽기 때문이다. 또한 비합리적

● 김춘경 외, 『상담학사전』 학지사, 2016

신념은 자기 독백을 통해 더욱 내면화 되는 특성이 있어 위험 수준이 높아질 수 있다.

경쟁에 집착하는 것 역시 비합리적 신념으로 연결될 수 있다. 일반적으로 경쟁은 사람들을 더 열심히 일하게 독려하는 면이 있다. 하지만 과도한 경쟁은 성과에 독이 된다는 연구는 다양한 실험으로 증명되었다.

미시간 대학의 스테판 가르시아(Stephen M. Garcia) 교수는 미국 SAT 시험을 보는 고사장에 수험생 수가 많을수록 평균 점수가 떨어진다는 결과를 발견했다.[*] 이를 실험으로도 입증했는데, 각 수험생이 혼자 시험을 보며 경쟁 수험생의 수가 몇 명인지를 알려 주었다. 시험은 주어진 수의 간단한 문제들을 가능한 '빠른 시간'에 푸는 것이다. 수험생들의 절반에게는 경쟁 상대가 10명이라고 말해 주었고, 나머지 절반에게는 100명이라고 말해 주었다. 그랬더니 경쟁자가 10명이라고 생각하는 사람의 시험 결과가 좋았다.

가르시아 교수는 경쟁자의 수가 많을수록 달리기 선수들의 기록도 좋지 못하다는 것을 발견했다. 다시 말해 경쟁이 더 심해질수록 동기 부여가 높아지는 것이 아니라 오히려 반대 효

---

* '경쟁에 집착할수록 성적 실적 연봉 다 떨어져', 프레시안, 2011.05.23.

과가 나타나는 것이다.

사람들은 싫어하는 결과가 예상되면 그 일을 피하려고 한다. 경쟁이 심하다는 것은 실패 가능성이 높다는 것을 의미한다. 자연스레 그 경쟁을 회피하거나 동기가 위축된다. 간절한 태도 역시 마찬가지다. 기대하는 결과가 간절하면 간절할수록 마음 한 구석에선 정서적으로 불편함만 쌓일 수 있다. 특히 민감한 사람일수록 부정적 효과가 더 커진다는 연구 결과도 있다. 실패할 것 같은 불안감이 더 잘해야겠다는 동기를 누르는 것이다.

성취보다 다양성을 추구하는 양다리어들은 굳이 하루하루를 전투하듯이 살지 않는다. 그것을 안 하는 것도 그들에게는 용기다. 그런 용기가 나오는 것은 한 발을 안전한 땅에 딛고 있기 때문이다. 간절함보다 안전함이 그들을 더 자유롭게 만든다.

아인슈타인의 역설, 특허청이 학교보다 나은 이유

알버트 아인슈타인(Albert Einstein)은 취리히 공과대학을 졸업했다. 졸업 후 계속 공부하기를 희망했으나 어떤 교수도 받아주지 않았다. 실업 고등학교에서 임시 교사직을 얻기는 했으나 그것도 몇 달 가지 못했다. 1902년 드디어 2년간의 대졸자 백수 생활을 청산하고 특허청 심사원 자리를 얻었다.

아인슈타인은 7년간 이 자리에 머물렀다. 이 시절 세상을 흔든 논문이 나왔다. 1905년 26세 되던 해, 특수 상대성 이론을 설명한 논문 네 편이 스위스 과학 저널에 실렸다. 과학계의 통설을 뒤집는 이론이었다.

과학자들의 시각으로 볼 때 미스터리한 일이었다. 아인슈타인은 전문 서적이나 학술지를 맘대로 접할 수 없는 환경에 있었다. 지도 교수도 없이 모든 걸 스스로 해냈다. 어떻게 이런 일이 가능했을까?

아이러니하게도 학문과 무관한 특허청 업무가 연구를 하는 데 적지 않은 역할을 했다. 아인슈타인의 특허청 내 지위는 시보, 즉 임시직이었지만 몇 가지 측면에서 만족스러워했다.

첫째, 급여는 좋지 않았지만 안정적이었다. 실제 그는 월급이 생기고 이듬해인 1903년 결혼했다.

둘째, 퇴근 후 수학 연구에 집중할 수 있는 시간을 확보했다.

그리고 결정적인 장점이 하나 더 있었다. 훗날 아인슈타인은 자신이 대학에 있었다면 기존의 이론을 수용한 그저 그런 논문이나 발표했을 것이라며 교수가 되지 못한 상황에 감사해했다. 아이러니하게 들리지만 여기엔 무시 못할 진실이 있다.

학계에서는 논문을 발표하기 전에 반드시 같은 분야 학자에게 평가를 받아야만 한다. 이 과정에서 주류 학설에 의문을 제기한다면 논문이 세상에 나오지 못할 가능성이 커진다. 오히려 논문이 널리 인정받으려면 기존의 이론을 존중해야 한다. 그만큼 이론에 의문을 제기하는 것은 위험한 일이다.

하지만 아인슈타인은 학계에 소속된 사람이 아니었으므로 논문 발표를 위해 평가를 받지 않아도 됐다. 기존 학설에 의문을 제기한다고 해서 피해 볼 것이 없었다. 쉽게 말해 잃을 게 없었다. 아인슈타인이 어떤 과학자도 시도하지 않았던 작업에 뛰어들 수 있었던 것은 호기심과 열정이다. 하지만 위험으로부터 안전을 지킬 수 있었던 환경 역시 빼놓을 수 없다.

1909년 아인슈타인은 취리히에서 전임 교수직을 얻었다. 이제 그의 논문을 평가하고 그를 불안하게 할 사람은 없었다. 이후 상대성 연구에 모든 시간을 쏟을 수 있었다.

안전하다는 느낌

초등학교 4학년 아이들을 실험실로 초대했다. 테이블 위에는 난이도 상, 중, 하가 쓰인 세 종류의 문제 봉투가 놓여 있다. 선생님이 오늘의 과제를 설명해 주었다.

"난이도 중은 보통 4학년 학생들이 풀 수 있는 문제인데 한 번 풀어 보자."

사실 이 문제는 4학년이 쉽게 풀 수 있는 수준이 아니다. 웬만해선 50점도 넘기 힘들게 출제된 문제다. 당연히 대부분의 아이들은 곧 자신의 실망스러운 점수를 확인했다.

이번에는 제작진이 정말 궁금해하던 실험을 할 차례였다. 다시 아이들에게 난이도 상, 중, 하의 문제지를 보여 주고 원하는 것을 선택하라고 했다.

특이한 건 선영이와 민수였다. 선영이는 1차 실험 점수가 낮았지만 선택 과제에서 난이도 '상'을 골랐다. 반면 1차 실험 점수가 가장 높았던 민수는 '하'를 골랐다. 선영이에게 이유를 물어보자 "안 풀어 본 거니까 재밌을 것 같아서"라고 답했고 민수는 "하가 제일 쉬우니까 점수가 많이 나올 거라고 생각했기 때문"이라고 했다.

민수에게는 배움의 목표보다 남들에게 어떻게 평가되느냐가 더 중요한 동기로 작용한 것이다. 실패를 수치로 여기기 때문에 도전을 두려워하는 것이다. 스탠퍼드대 심리학과 캐롤 드웩(carol S. Dweck)에 따르면 이런 유형의 아이들은 더 많은 것을 배우지 못한다. 앞으로도 계속 쉬운 과제만을 선택하려 하기 때문이다.

초등학교 4학년이라면 아이의 동기에 가장 큰 영향을 미치는 대상은 부모라고 할 수 있다. 민수에게 필요한 것은 더 많은 공부가 아니라 어떻게 공부하느냐다. 그리고 부모에게 필요한 것은 틀려도 괜찮다는 분명한 신호다. 그렇지 않은 신호는 아이에게 '우리 부모님은 결과에 따라 나를 사랑할 수도 있고, 사랑하지 않을 수도 있다'라는 조건적 사랑으로 읽힌다. 능력과 무관하게 사랑받고 있다는 믿음은 아이를 안전하게 느끼게 한다. 아이들은 부모를 안전 기지 삼아 마음껏 탐색할 수 있다. 안전하지 않으면 도전을 주저하게 되고 호기심도 피어나지 않는다.

아인슈타인이 어떤 과학자도 시도하지 않았던 작업에 뛰어들 수 있었던 이유도 아이들의 성향과 같은 맥락에서 살펴볼 수 있다. 아무리 특유의 호기심과 열정이 있더라도 위험으로부터 보호받을 수 없으면 섣불리 도전하지 않게 된다. 아인슈타인이 학계에 소속되지 못했다는 사실에 감사할 수 있었던 아이러니의 요체가 바로 '안전하다는 느낌'이다. 아이들에 대한 과도한 평가가 득보다 실이 큰 것도 안전에 대한 본능을 손상시키기 때문이다.

애착의 뿌리, 안전함

아기가 처음 일어설 때,

이 세상 첫발자국 두어 걸음 떼다간 꼭

뒤를 돌아본다네

엄마가 지켜보는지 돌아본다네

그때 아기가 돌아보는 엄마를 심리학에선 안전 기지라고 부른

다네

이해리 시인은 시 '안전 기지'에서 동명의 심리학 용어를 매

혹적으로 정의했다.

'안전 기지(safe base)'라는 개념은 초기 양육 환경의 중요성

을 설명하는 데 빼놓을 수 없는 '애착 이론'을 설명하는 중요한

키워드다. 애착은 '나를 편안하게 해 주는 특별한 사람에게 갖는 강한 정서적 유대감'을 말한다. 애착이 중요한 이유는 초기 부모와 형성한 감정의 질이 이후 감정 조절뿐만 아니라 대인 관계에도 영향을 미치기 때문이다. 여기서 나를 편안하게 해 주는 특별한 사람이 바로 '안전 기지' 역할을 한다고 할 수 있다.

통상 생후 6개월이 지나면 아기들에게 중요한 발달의 이정표가 찾아온다. 기어다닐 수 있다는 것은 많은 함의가 있다. 이동의 자유가 생기고 손을 쓸 수 있고 시야도 더 넓어진다. 전보다 유능해진 아기들은 부모의 반응을 수동적으로 기다리지 않고 능동적으로 다가가 관계 형성을 한다.

이때부터 적극적으로 부모를 안전 기지로 삼는다. 초기에는 부모 곁을 단시간 떠나 주변을 탐색하고 돌아온다. 이런 과정을 반복하고 시간을 늘리면서 점차 자신감도 커진다. 부모만 곁에 있으면 불안할 게 없다. 이렇게 안전한 환경에서 아이는 세상을 마음껏 탐색하며 호기심을 꽃피운다.

낯선 상황을 보호하는 힘

70년대 심리학자 매리 에인스워스(Mary Ainsworth)가 고안한

'낯선 상황(strange situation) 실험'이 있다. 애착의 중요성을 일깨워 준 발달심리학 사상 기념비적인 실험이다.

나 역시 기획 다큐멘터리 「퍼펙트 베이비」를 연출하며 실험을 통해 시청자들에게 소개한 적이 있다. 간단하게 설명하면 실험은 다음과 같이 8단계로 진행된다.

> 1) 실험자가 부모와 아기를 놀이방에 안내하고 난 후 떠난다.
>
> 2) 아기가 장난감을 가지고 노는 동안 엄마는 앉아 있다.
>
> 3) 낯선 사람이 들어와 앉아서 부모와 이야기를 나눈다.
>
> 4) 부모가 방을 나간다. 낯선 사람이 아기에게 말을 걸어 주고 혼란스러워하면 달래 준다.
>
> 5) 부모가 되돌아와 아기를 반기고, 필요하면 달래 준다. 낯선 사람이 나간다.
>
> 6) 부모가 방을 나간다.
>
> 7) 낯선 사람이 방에 들어와 달래 준다.
>
> 8) 부모가 되돌아와 아기를 반기고 필요하면 달래 준다. 아기가 장난감에 다시 흥미를 갖게 한다.

이 실험의 관찰 포인트는 아기가 부모와 헤어졌다가 만났을 때 어떻게 반응하냐이다. 달려와 안기며 헤어진 동안의 불안,

화를 달랠 수 있으면 감정 조절에 성공한 것이다. 그동안 부모와 쌓은 애착의 결과 부모를 안전 기지로 여기는 아기는 불편한 마음을 해소할 수 있다.

반면 애착이 불안전한 아기는 부모를 안전 기지로 삼지 않는다. 쉽게 말해 예전부터 안전 기지로서 기대치가 낮았던 것이다. 그래서 헤어졌다 다시 만났을 때 불편한 마음이 해소되지 않는다. 심적 동요를 겪는 아기는 엄마를 발로 차는 등 분노를 표출하거나 엄마에게 다가가기를 꺼려한다.

애착 이론을 주창한 학자 존 보울비(John Bowlby)는 신생아가 무력하기 때문에 생존을 보장받기 위해 어머니에게 애착을 느끼도록 생물학적으로 미리 설정되어 있다고 주장했다. 살기위한 생존 전략이라는 의미다. 애착이 형성됐다는 것은 안전이 확보됐다는 것을 전제로 한다.

안전 기지는 나의 힘

아기가 얼마나 현명한지 살펴보자. 아기는 부모와 가까이 있기를 원한다. 그래야 안전하기 때문이다. 예기치 못한 상황으로 떨어져 있으면 고통을 느낀다. 아기에게 부모는 안전 기지 역할을 한다. 안전 기지는 세상을 적극적으로 탐색하고 활동하는 기반이 된다.

다른 각도에서 보면 아기들은 안전하지 않으면 세상을 마음껏 탐색하지 않는다. 안전하지 않으면 도전을 주저하게 되고 호기심도 피어나지 않는다. 안전을 바탕으로 차곡차곡 저축하듯이 쌓인 심리적 경험은 '어떤 일이든 잘할 수 있을 것 같다'는 유능감으로 발전하며, 이는 다시 자존감을 더 단단하게 만든다.

비단 아기의 문제가 아니라 이것은 인간 보편의 심리다. 사람들은 힘들 때 누군가를 찾기도 하지만 오히려 혼자 머물려 하기도 한다. 자신을 보호하기 위한 전략이다. 다른 사람과의 관계에서 이해하기 힘든 걸림돌을 만들기도 하는데 이 역시 스스로 보호하기 위함이다. 정신분석에서는 '방어기제'라 하고 인지 치료사들은 '대처 기술'이라는 개념을 쓰기도 한다. 그만큼 안전에 대한 본능은 강력하다.

인간은 불확실한 것보다 확실한 것, 낯선 것보다는 익숙한 것을 좋아한다. 전쟁이 터졌을 때, 경제 위기가 왔을 때, 그 어떤 것보다 우선하는 건 안전 욕구다.

이제 '일'을 안전의 관점에서 다시 바라보자. 확실히 알고 있는 일에서 불확실한 일로 옮기는 것은 아기들이 외부 세계를 경험하는 느낌과 다르지 않다. 모험을 할 때 필요한 것도 다르지 않다. 그것은 바로 안전 기지를 확보하는 일이다.

사내 벤처를 지원하는 대기업이 늘고 있다. 창의적인 조직 문화를 확산하고 혁신적인 아이디어를 발굴하겠다는 계산이다. SK하이닉스, 삼성전자, LG디스플레이… 공통점을 보니 "실패해도 재입사"라는 슬로건을 걸고 있다. 창업의 가장 큰 아킬레스건이 실패에 대한 두려움이라는 것을 잘 알고 있기 때문이다.

작은 도전이라는
안전 기지

아이가 초등학생이 되어 한창 놀이터를 찾았을 때다. 특히 구름사다리에 오르내리는 걸 좋아했다. 나는 옆에서 격려해 주거나 허리를 슬쩍 받쳐 주는 역할을 했다.

어느 날인가부터는 구름사다리를 맨손으로 잡고 건너고 싶어 했다. 그런데 맘처럼 잘 안되는 모양이었다. 손을 떼기 위해서는 사실 몸을 지지해 주고 있는 발을 떼야 한다. 그 순간 몸은 허공에 뜬다. "아빠, 무서워. 못하겠어."

얼마나 겁이 났는지 오르락내리락만 몇 차례. 시선은 아빠를 향하고 손은 벌벌 떨고 있다. 그렇게 며칠이 지나고 드디어 오른손을 뗐다.

"됐어!"

그리고 남은 왼손도 마저 뗐다. 뿌듯함으로 가득한 표정. 그 순간을 생생히 기억한다.

아이는 여러 차례의 실패를 통해 느꼈을 거다. 생각할 수 있는 최악의 상황은 손이 미끄러져 모래 위에 세워진 2미터 구조물에서 떨어지는 경우. 아프기는 할지언정 부상이라 할 만한 상황이 아니다. 그 일 이후 아이는 더 이상 불안해하지 않았다. 오히려 조금 더 긴 구름사다리가 없을까 찾기마저 했다.

아이의 성장을 보며 인생을 배운다. 삶의 원리 역시 다르지 않다고 생각한다. 처음에 아빠는 안전 기지 역할을 했다. 무서울 때 돌아와 안길 수 있는 존재. 그러나 작은 성공 이후 안전 기지는 아이가 찾았다. 스스로 개척해 나가는 과정 이것이 곧 인생 아닐까. 무엇을 하는 데 있어서 안전하다면 주저할 필요가 없다. 게다가 안전한 환경을 스스로 만들어 낼 수 있다면 더욱더 멈출 이유가 없다. 이것이 작은 도전의 힘이다.

투혼 뒤에 숨은 힘

라파엘 나달(Rafael Nadal)이 오늘날 세계 최고의 테니스 선수가 된 배경에도 작은 도전이라는 안전 기지가 있었다. 라파엘 나달은 2020년도에 테니스 대회 메이저 통산 20회 우승을 달성했다. 라이벌 로저 페더러와 공동으로 세운 역사적 위업이다. 또한 테니스 사상 네 번째로 1000승 클럽에 합류, 명실상부한 거인이 되었다.

나달이 전설이 된 또 다른 이유는 부상을 극복한 투혼 덕분이다. 그는 2012년 심각한 무릎 부상으로 8개월간 병원 신세를 졌다. 그리고 2013년 복귀했는데 모두의 예상을 깨고 9개 대회에서 결승에 올랐고 그중 7개 대회에서 우승했다. 언론은 스포츠 역사상 가장 화려하고 성공적인 복귀라고 평가했다. 비밀은 나중에 밝혀졌다.

나달이 복귀한 대회는 칠레 대회였는데 톱 랭커들이 참가하는 대회가 아니었다. 일명 B급 대회였다. 그가 이 대회를 선택한 이유는 클레이 코트에서 펼쳐지는 대회이기 때문이었다. 발이 빠른 나달은 랠리가 잦은 클레이 코트에서 최고의 수비력을 발휘했다. 클레이 코트 승률이 평균 90%를 넘는다. 그의 별명은 데뷔 때부터 '클레이 코트의 황제'였다. 그럼에도 불구하고 톱클래스의 선수가 마이너 대회에 참가한다는 건 용기가 필요한 일이었다.

하지만 나달은 어떻게 하면 더 빨리 큰 무대에 복귀할 수 있는지에 대해서만 고민했다. 경기력 회복을 하는 것. 이를 위해 자신이 가장 잘하는 무대를 활용한 것은 전략이었다. 작은 대회였지만 우승을 하며 승부에 대한 확신을 쌓으며 빠르게 컨디션을 회복해 간 것이다.

안전하게 작은 성공 경험을 쌓아서 더 큰 무대에 적응하겠다는 계산은 적중했다. 경기력은 급속히 회복됐고 이후 톱 랭커들이 참가하는 대형 대회에서도 대부분 우승했다. 만약 라달이 복귀전을 메이저 대회에서 시작했다면 어땠을까? 성공에 대한 압박감을 견딜 수 있었을까?

우리는 흔히 성공 경험을 효능감의 확대 측면에서 본다. 하지만 기저에는 더욱 단단해진 안전 심리가 있다. 겁 없어 보이는 도전 정신과 용기도 사실 믿는 구석이 있기에 가능하다.

타고난 승부사

이해진은 네이버를 만들었고 김범수는 카카오를 만들었다. 더이상 설명이 필요할까 싶을 정도로 예비 창업가들의 대표적인 롤 모델이기도 하다.

두 사람은 모두 척박한 환경에서 인터넷 서비스를 개척해 국민 기업으로 성장시켰다. 사적 인연까지 깊다. 이해진과 김범수는 1986년 같은 해 서울대 공대에 입학했고 1992년 삼성 SDS에 입사했다. 1년간 같은 부서에서 일했고 입사 동기 17명 중 정기적으로 만나는 친한 사이였다.

둘의 스토리는 곧잘 비교되었다. 먼저 성공한 건 이해진이지만 미디어에 더 많이 오르내린 건 김범수였다. 그가 던진 승부수는 언제나 흥미 진진한 스토리를 원하는 작가들의 기대를 저버리지 않았다.

이해진은 첫 직장인 삼성 SDS의 사내 벤처를 통해 네이버를 키웠다. 검색 사이트를 오픈한 상태에서 경영진에 분사를 건의했고, 1999년 네이버컴이 정식 출범했다. 이후 통합검색엔진, 지식인 등을 히트시키며 네이버는 점점 유명한 기업이 되었다.

이해진이 네이버라는 단일한 공간을 중심으로 움직였다면 김범수의 동선은 보다 입체적이다. 우선 네이버의 역사를 말할 때도 김범수는 중요한 인물로 등장한다. 네이버가 세상에 이름을 알릴 때 김범수는 한게임을 창업했다. 한게임은 서비스 3개월 만에 회원 수 100만 명을 돌파할 정도로 파괴적이었다.

반면 네이버는 처음에 고전했다. 이용자 수가 획기적으로 늘지 않아 고민하던 이해진은 김범수에게 손을 내밀었다. 합병 이야기는 빠르게 진행됐다. 두 사람 모두 이기는 게임이었기 때문이다. 합병을 통해 김범수는 인프라를 구축할 자금을 마련하고 이해진은 한게임의 엄청난 트래픽을 가져가겠다는 계산이었다.

사람들이 의아하게 생각한 건 합병 비율이었다. 네이버컴 80%, 한게임커뮤니케이션 20%. 심하게 비대칭적이었다. 그런 비율 때문에 사람들은 머지않아 두 사람 사이에 진통이 있을 거라 내다봤다. 하지만 김범수는 합병 비율이라는 작은 문제보다 회사를 더 키우는 쪽으로 선택했고 결과는 적중했다. 둘이 함께 키운 회사가 각자의 회사보다 더욱 강력해진 것이다.

2000년 겨울 다시 위기가 찾아왔다. 닷컴 버블이 꺼지기 시작했다. 김범수는 게임 유료화만이 살 길이라고 주장했다. 네이버컴 임원들은 격렬히 반대했다. 당시 인터넷 서비스는 무료라는 인식이 강했다. 잘못 유료화를 선택했다간 기업이 완전히 무너질지도 모른다는 걱정은 기우가 아니었다.

하지만 김범수의 생각은 달랐다. 서비스가 유료여서 망한 것이 아니라 값어치를 못해서 망한 거라 설득했다. 이후 유료에 대한 모델은 정교해졌고 2001년 3월 한게임의 유료화는 업계의 새로운 표준으로 자리 잡으며 성공했다. 네이버컴도 인터넷 포털로 안착했고 그 해 9월 NHN으로 이름을 바꾸었다.

김범수의 승부사로서의 면모는 2007년 NHN을 떠나 카카오톡으로 컴백하며 더욱 빛났다. 이때 김범수는 신화가 됐다. 어린 시절 가난, 지독하게 공부했던 학창 시절. 과거의 모든 이야기는 현재의 승부사를 위한 씨앗 같았다.

맨땅에 헤딩

김범수는 언제나 승부사의 길을 걸은 걸까? 김범수에게도 흑역사가 있다. 사업 초기의 일이다. 그때 김범수가 빨리 깨우치지 않았다면 국민 서비스 카카오톡은 존재하지 않았을지도 모른다.

1997년 가을, 김범수는 5년 동안 근무했던 삼성 SDS를 나왔다. 이해진이 여섯 명의 개발자들과 함께 사내 벤처 1호 네이버를 출범시켰을 때였다. 김범수는 더 큰 꿈이 있었다. PC통신 유니텔의 기획자로 인정받았지만 사내 프로젝트의 한계를 절감하고 창업을 결심했다. 사업 아이템은 온라인 게임이었다. 사무실을 열고 의욕적으로 개발에 나섰다. 장기, 바둑과 같은 일상에서 인기가 있던 게임을 그대로 온라인으로 옮겨올 계획이었다.

하지만 금세 돈줄이 말랐다. 설상가상으로 몇 달 뒤 외환 위기가 찾아왔다. 직장을 다니던 아내도 직원들의 밥을 하기 위해 투입됐다. 그러나 월급이 밀리면서 직원들은 하나둘 퇴사했다. 급기야 1998년 여름에는 직원 한 명만 남았다. 망하기 직전이었다.

1998년 겨울, 김범수는 사업 전략을 전면적으로 수정한다.

한양대 앞에 PC방을 차렸다. 온라인 게임이라는 거대한 프로젝트를 잠시 접고 골목 사업으로 전환했다. 언뜻 보기엔 대기업을 박차고 나가 겨우 PC방 사장님이 된 것처럼 보일 수도 있었다. 그러나 안정적인 수익도 확보하고 최신 게임의 흐름도 보겠다는 복안이 있었다.

동네 사업이었지만 규모를 크게 잡았다. 김범수의 PC방은 동네 명소가 되었고 이웃 동네까지 입소문을 타며 돈이 모이기 시작했다. 자금 압박에서 시달리던 김범수는 한숨을 돌릴 수 있었다.

김범수는 PC방을 운영하며 마련한 사업자금을 밑천 삼아 이듬해 한게임커뮤니케이션을 설립했다. 한게임이 출범했지만 PC방을 섣불리 접지 않았다. 오히려 회사의 중심은 PC방이었다. PC방 사업이 확고하게 자리 잡았을 때 김범수는 아내에게 PC방 사업을 맡기고 자신은 게임 개발에 정진했다.

김범수는 맨주먹으로 시작해 자수성가한 CEO다. 하지만 카카오 제국은 맨땅에 헤딩만으로 다져지지 않았다. 김범수의 승부가 정교해진 데는 초기 경험이 있다. '안전을 확보하지 못한 전략은 모든 것을 잃을 수 있다.' 김범수에게 큰 실수는 한 번으로 족했다.

최악은 없다는 믿음

인생은 무엇일까. 인간에게 일은 무엇일까. 내가 앞으로 예측할 수 있는 일들은 어디까지일까. 마흔이 되면 개똥철학의 색깔도 더 짙어진다.

대학 시절 8년 동안 오로지 기자만 생각했다. 진로를 조기에 정했다고 스스로 대견하다 생각했었다. 무엇이 나를 여러 길로 이끌었을까? 글을 쓰며 찬찬히 곱씹어 본다. 계획과 의지로 설명할 수 있는 부분은 절반도 안 된다.

방송 피디가 된 것은 피디에 지원했기에 가능했다는 인과관계는 부정할 수 없는 사실이다. 하지만 피디를 지원하게 된 배경 그리고 어떤 피디의 길을 걸었느냐는 계획과 무관한 일이 훨씬 더 많았다. 그렇다고 나의 진로에서 일어난 일들을 우연으로 치부하는 것도 무책임하다. 우연을 의미 있는 사건으로 연결한 것은 결국 나의 행동이었으니까.

나에게 일어난 일들을 해석하고 싶었다. 미래를 위해서도 꼭 필요한 일이었다. 뭐였을까. 나는 수시로 떠오르는 질문을 붙잡고 늘어졌다. 그러다 떠오른 단어가 '양다리'였다. 동시 연애가 떠올라 썩 좋은 뉘앙스는 아니었지만 그만한 표현이 없었다. 표준국어대사전은 양다리를 '양쪽에서 이익을 보려고 두 편에 다 관계를 가지는 것'이라고 기술하고 있다.

나를 연결해 준 힘은 우연과 행동의 합작품이었다. 일이 전환되는 시점에서 늘 양다리였다. 의도와 무관하게 나는 양다리를 걸쳤고 적절한 시점에 한 다리를 뗐다.

예를 들어 내 이십 대를 붙잡았던 기자라는 직업은 삼십 대 초반 취재 다큐멘터리를 할 때까지 마음속으로 걸치다 이후로는 뗐다. 삼십 대 통째로 바친 제작 피디라는 직업은 사십 대부터 인터넷 서비스 기획자라는 업무와 양다리를 걸치고 있다. 그렇게 조금씩 한 발 옆으로 가고 한 발 앞으로 가면서 도착한 곳이 현재의 자리. 양다리는 여러 양상이 있었다.

우선 전혀 의도하지 않은 양다리 케이스. 나를 인터넷의 세계로 초대한 건 직원 대상의 포럼이었다. 포럼을 준비했던 한 달은 사실상 업무와 무관한 일이었다. 팀장의 지시에 가까운 제안이었다. 준비하는 과정에서 요즘 트렌드 정도는 익힐 수 있겠다 싶었는데 실제 그 일을 맡게 될 줄은 몰랐다. 출발이 '사업 아이템 발굴'이라는 특별한 숙제였기 때문에 새로운 경험이라는 호기심이 있었을 뿐 계속 사업 파트로 정진할 생각은 없었다. 만약 4년간 PM(프로젝트 매니저)을 하게 될 걸 알았다면 더 전투적으로 면밀하게 준비했을 것이다. 한 달 준비해서 나온 결과는 고작 20페이지짜리 PPT 문서가 전부였다.

의도하고 걸친 양다리도 있다. 회사에서 단행본 출판 사업을 시작하면서 나에게 제안이 왔다. 몇 권의 책을 낸 덕분이다. 마다할 이유는 없었다. 이유는 몇 가지 있었다. 작가 경험만 했던지라 에디터 시각으로 보고 싶었다. 출판 기획이라는 회사 일을 통해 나의 저술 기획에도 도움이 될 거란 기대가 있었다. 마지막으로 안전하다는 것은 큰 장점이었다. 회사가 추진하는 신사업인 만큼 실패한다고 해서 내가 감수해야 할 최악은 없다는 것은 큰 힘이 되었다.

시간을 더 거슬러 올라가 피디 입사 지원서를 낼 때도 나는 기자 스터디 모임에 꾸준히 참여했다. 피디가 안 됐으면 아마 기자가 됐을 것이다. 그랬다고 한들 내가 피디가 되지 못한 걸 깊이 후회할 리는 없었을 것이다.

스티브 잡스는 생전 '점의 연결'을 역설했다. 점을 연결한 건 알고 보니 양다리였다. 회사에서 육아 정보 모바일 사업 PM을 맡기 1년 전에 나는 페이스북을 알게 되면서 SNS에 심취했었다. 모바일 코드에 어느 정도 익숙한 상태여서 새로운 업무가 낯설지 않았던 거다. 취미로 시작한 SNS 역시 양다리였던 거다.

양다리는 놀라울 정도로 내 인생의 많은 부분을 설명해 주고 있었다. 별안간 벌어진 사건이 순수한 우연이 아니었다. 그런 일은 나도 모르게 한쪽 다리를 걸쳤기에 발생했던 일들이었다.

SAFETY
ZONE

제 4 장

우연을 기회로
만들기

나는 고작 한 번
써 봤을 뿐이다

내가 하고 있는 일들 중에 대표적인 양다리는 글쓰기다. 나는 지금까지 네 권의 단행본을 냈는데 모두 직장 생활을 하면서 출판했다. 한 번도 책 작업을 위해 휴직한 적은 없다. 글쓰기는 보통 아침 일찍 혹은 밤 늦게 이루어진다.

'회사 생활하는 나'와 '글 쓰는 나'는 서로 다른 공간에 존재하지만 때론 이 둘이 잘 만나기도 한다. 회사 생활의 경험이 글로 들어가고 글을 쓰면서 알게 된 지식과 깨달음이 업무에 영향일 미치는 식이다.

"어쩌다 책을 쓰게 되었나요?"

"우연찮게 쓰게 됐습니다."

나는 주로 이런 식으로 사람들에게 소개하고 다녔다. 누군가

나를 담담히 관찰했다면 정말 우연에 가깝다고 말할 것이다. 어느 날 책상 위 이면지에 몇 글자 끄적이다 긴 일기를 쓰게 되었고 내친김에 출판사에 연락해서 출간까지 성사되었다.

그러나 이것은 어디까지나 나라는 피사체를 표준 렌즈로 봤을 때의 결론이다. 시간이 흘러 망원렌즈로 보았더니 인식하지 못했던 '점의 연결'이 보였다. 나는 이미 교양 피디를 하면서 적지 않은 양의 방송 원고를 썼었다.

이유는 여럿 있었다. 함께 일하던 작가가 갑자기 이탈했을 때 방법이 없었다. 능력이 부족해도 내가 쓸 수밖에. 작가와 이견을 확인하고 나서 내 생각을 구체적으로 보여 주기 위해 쓴 적도 있었다. 다음 날까지 각자의 원고를 가지고 회의를 진행하자고 곧잘 제안했다. 기획 다큐멘터리를 할 때는 적은 원고료를 보상해 주기 위해 글의 일정 부분을 내가 쓰기도 했다. 처음과 끝 원고를 작가가 맡고 촬영 원고와 같은 중간 단계의 일을 내가 처리함으로써 부족한 원고료를 상쇄했다.

이런 식으로 나는 꽤나 많은 원고 작업을 이미 하고 있었다. 알고 보니 이게 양다리였다. 처음으로 책과 같은 긴 글쓰기를 하면서도 저항이 적었던 것은 이런 경험이 크게 한몫한 거다.

책을 쓰기 위한 아이템을 발견한 것도 양다리의 산물이다. 예를 들어, 나의 세 번째 저서 『부모라면 그들처럼』은 두 번째 저서 『나는 고작 한번 해봤을 뿐이다』에서 뻗친 다리다. 유명인의 평전과 자서전을 훑다가 자연스럽게 성장 과정을 알게 되었고 등장하는 가족 관계에서 부모의 역할을 보게 됐다. 느닷없이 자녀 교육에 대한 이야기를 한 것 같지만 나는 두 번째 책을 쓰면서 이미 마음 한 구석에는 '언젠가 자녀 교육에 대한 책을 써야지.' 하고 생각했다.

책을 쓰면 무수히 많은 양다리를 걸치게 된다. 특히 독서로 인한 혜택은 수를 셀 수 없을 정도다. 쓰기 위해 읽게 되는 책들이 트리거 작용을 하면서 전에 없던 생각을 하게 된다. 일부는 보이지 않던 잠재력을 노출시키기도 한다. 나는 별도의 기획 노트를 쓰고 있는데 하나하나 탐구하고 싶은 미래의 책 주제들이다. 쓰기의 행위가 없더라도 읽기만으로도 뻗어 나가는 가능성은 엄청나다.

2005년 빌 게이츠가 미국 네브래스카 주립대에 방문했을 때 한 학생에게 질문을 받았다.

"한 가지 초능력을 얻을 수 있다면 어떤 것을 원하십니까?"

빌 게이츠는 "책을 아주 빨리 읽는 능력을 원한다."고 답했다. 빌 게이츠는 이미 독서가 훌륭한 양다리라는 사실을 알고 있었던 것이다.

샛길에서 발견한 가능성

H가 소셜 메신저로 말을 걸어왔다.

"59초 영화제 심사 위원을 맡아 줄 수 있나요?"

"언뜻 들어 본 거 같은데 59초 영화제가 뭐죠?"

"들어 봤을 리가요. 제가 이번에 만든 건데요."

지인들끼리 하는 이벤트라 생각하고 부담 없이 응했다. 행사장에 가 보니 동네 행사가 아니었다. 조명과 음악, 테이블 세팅이 아마추어 수준이 아니었다. 앱으로 영상 편집을 배운 사람들이 모여 솜씨를 뽐내는 자리였다. 참석자는 어림잡아 50여 명. 정식 진행자가 있고, 음악 밴드가 있고, 심사 위원은 나를 포함 다섯 명. 출품작은 13편. 심지어 협찬도 있었다.

H는 직장인이었다. 이 정도 규모의 행사를 치러 내는 능력

에 놀랐다. 어떻게 기획하게 됐는지 물어봤다.

"처음엔 소주 한잔 사 먹으려고 소셜에 '영상편집 그깟거' 강좌를 열었습니다. 당시 스마트폰 편집에 관심이 많았거든요. 절대 전문가라고 할 수는 없고요. 강좌에 부담이 없었던 것은 어차피 지인들 대상이니까요. 몇 명이나 참여할까 싶었는데 36명이나 신청했어요. 본의 아니게 투잡을 뛰게 되었죠. 주말을 활용해서 5회 강의를 진행했어요. 강의가 끝날 무렵 한 수강생이 그러는 거예요. 우리끼리 영화제를 하면 어떨까요?"

59초짜리 영상을 만들기 위한 30일 프로젝트는 그렇게 시작됐다. 아는 지인을 죄다 모아 팀을 꾸렸다. 소박한 동기로 시작한 일이 커져 어느 시점에선 직장 생활을 병행할 수 없게 되었다. H는 사표를 냈고 이후 영상 편집 전문가를 거쳐 다양한 미디어 기획자의 길을 걷고 있다.

도슨트 정우철의 이야기는 어쩌면 H의 미래가 될지도 모르겠다. 정우철은 미술 작품을 설명하는 아이돌이라는 평을 받는다. "그림과 사랑에 빠지게 되었다.", "우울증을 극복할 수 있었다.", "자서전 하나를 읽은 기분" 그의 스토리텔링에 대한 찬사다.

'비전공자가 들려주는 전문적 해설.' 표어가 말해 주듯 정우철은 미술 분야 전공자가 아니다. 영화를 전공하고 교육용 영상 제작사에서 일하다 '이 일이 좋아하는 일인가' 회의감이 들어 사표를 썼다. 이후 이것저것 아르바이트를 했는데 그중 하나가 전시 스태프였다. 그때는 도슨트라는 용어도 몰랐다.

우연히 어떤 전시장에서 도슨트가 일하는 과정을 보고 '이거다' 하는 느낌을 받았다. 그러다 도슨트로 예정된 사람이 연락이 닿지 않는 일이 발생했다. 그렇게 운명적인 사건이 찾아왔고 정우철은 영화처럼 도슨트로 캐스팅되었다.

그가 스토리텔러로 이름을 날리게 된 건 아이러니하게도 적성에 의문을 품었던 영화의 덕이 크다. 미술 비전공이라는 약점은 영화라는 강점을 만나 그를 최고의 도슨트로 만들었다.

전문 변호사의 길

진로에 있어 양다리는 보이지 않게 작동하는 경우가 많다. 기억을 애써 더듬지 않으면 평생 모를 수도 있다. 우리나라에서 가장 유명한 교통사고 전문 한문철 변호사의 이야기를 들어보자. 그가 가장 많이 받는 질문은 "형사사건을 전문으로 하다 교통사고 전문으로 바꾼 이유"에 대해서다.

한문철 변호사는 2020년 월간지 「여성동아」와의 인터뷰에서 이렇게 말했다.

"형사사건을 2년 정도 해 보니까 구치소 접견 다니는 게 싫더라고요. 억울한 사람들도 있지만 대부분은 "나 빨리 풀어 주세요." 하는 케이스니까요. 실질적으로 피의자나 피고인들이 잘못했지만, 형량을 줄여 달라는 대변인 역할을 하게 되더군요. 매일 만나는 사람이 범죄를 저질렀거나 혐의를 받고 있으니까 '아, 이건 좀 아닌 것 같은데?'라는 생각을 하게 됐어요. 돈은 쉽게 들어오는데 쉽게 쓰고 회의가 느껴지더군요. 그러다 1990년대 중반 전국버스공제조합에 간부로 계신 분이 "우리 것도 좀 도와줘."라고 해서 한 건, 두 건 하다가 지금까지 온 거예요. 그때만 해도 교통사고는 브로커를 통해 해결하던 시절이었죠."●

"우연으로 시작했다." 대게 이렇게 말한다. 이렇게 맺으면 아무리 봐도 양다리는 보이지 않는다. 2019년 일간지와의 인터뷰에서 이렇게 밝혔다.

"사법시험 합격 후 군법무관으로 근무할 때『교통사고 법률지

● '몇 대 몇의 남자 한문철 변호사', 여성동아, 2020.07.07.

식』이라는 책을 하나 냈어요. 그 전에도 비슷한 책이 있었는데 그건 일본 책을 그대로 번역한 거라 제가 쓴 게 사실상 대한민국 최초의 교통사고 전문 서적으로 보면 됩니다. 책 쓰느라 여러 관련 법규를 공부했는데 교통사고는 참으로 알다가도 모를 정도로 어려운 분야였어요."●

비로소 개운하지 않던 퍼즐이 완성됐다. 오늘날 한문철 변호사를 만든 건 버스 회사 소송건 이전에 한 권의 책이 있었다. 『교통사고 법률지식』이라는 사법시험 합격 후 군 법무관으로 병역을 이행할 때 쓴 책이다. 당시 집안 형편이 어려워 생활비 마련을 위해 썼는데 출간 즉시 인기를 끌었다. 책을 통해 이름이 알려졌고 한 신문사에 교통사고 관련 칼럼을 쓰는 기회를 얻었다. 그리고 나서 전국버스공제조합에서 연락이 온 것이다. 2000년, 변호사로 개업한 시점이었고 한 변호사는 본격적으로 교통사고 사건만을 수임하게 된다.

한문철 변호사를 교통사고 전문으로 이끈 건 노력과 우연의 합작품이었다. 숨은 공신은 큰 기대 없이 뻗친 저술이라는 양다리였다. 양다리가 결국 진로를 바꾸어 놓았다.

● '한문철 변호사, 교통사고 1만건 빅데이터 활용… 억울한 피해자 없게 해야죠', 서울경제, 2019.10.18.

단군 이래
가장 돈 벌기 좋은 때

인터넷 시대에는 누구나 돈을 벌 수 있다. 유튜버 신사임당(본명 주언규)의 주장이다. 온라인 상권 안에서는 권리금과 월세를 내지 않아도 된다. 직원을 고용하지 않아도 되고 24시간 장사할 수 있다. 잘만 궁리하면 자본금 없이도 시작할 수 있다. 그의 말은 허풍이 아니다. 그가 직접 증명해 보였다. 이런 시대에 기회가 없다고 말할 수 있을까?

재테크 꿀팁을 묻는 사람들에게 유튜버 신사임당은 유튜브를 시작하라고 조언한다.

"돈을 벌고 싶다면 유튜브를 권합니다. 자신이 가지고 있고 알고 있는 게 무엇이든 그것을 알릴 수 있는 가장 빠르고 확실한 수

단이 바로 유튜브이기 때문입니다"●

    채널 개설 후 불과 2년 만에 구독자 100만 명을 넘었다. 경제 유튜버로 활동하면서도 교육 유튜버를 자처하기도 한다. 자신이 알고 있는 노하우도 쉽게 풀어 준다. 구독자들이 채널 신사임당을 좋아하는 이유는 여러 가지가 있다.

    2018년 부동산, 주식 바람이 불면서 그가 다루는 아이템이 뜨거운 호응을 얻었다. 그의 채널에는 일상에서 열심히 살아가는 평범한 사람들이 나온다. 직장인, 사업가, 전업 주부, 의사, CEO 등 다양한 사람들의 현실감 있는 정보가 주를 이룬다. '부업으로 월 300만원 버는 법', '100만원으로 사업을 시작하는 현실적인 방법' 같은 아이템을 기존 경제 매체에서는 다루지 않았다. 그리고 옆집 아저씨 같은 편안함도 크게 한몫한다. 항상 검은색 티셔츠를 입고 나온다. 영상은 편집을 안 했나 싶을 정도로 효과가 거의 없다. 심지어 게스트에 대한 소개 없이 바로 인터뷰를 진행한다.

● '77만 유튜브 신사임당의 유튜브 노하우 세 가지', BLOTER, 2020.06.03.

준비된 양다리

신사임당의 성공 비결은 재테크라는 시대적 흐름, 자신만의 노하우 그리고 편안한 진행이라는 삼박자로 요약할 수 있다. 이것이 반지하 단칸방에 살던 월급쟁이가 월 매출 수 천만 원을 기록하는 사업가가 된 배경이다.

초창기 친구와 지인들의 이야기로 시작한 인터뷰 코너는 이제 신청이 쇄도하는 수준이 됐다. 이처럼 그의 성공에는 평범함이 쌓여 비범함이 된다는 메시지가 있다. 이러다 보니 재테크 채널들은 물론이고 제2의 신사임당을 꿈꾸는 직장인들도 많이 늘었다. 조금만 노력하면 꽤 괜찮은 부업을 할 수 있을 것 같은 느낌이 든다. 하지만 알고 보면 신사임당은 상당한 노력파다. 채널 운영 말고도 온라인 쇼핑몰을 운영하고 온라인 강의도 찍는다. 이른바 '엔잡러'다.

성공하기 전에도 이미 엔잡러였다. 증권 방송 피디로 일하다 결혼을 하면서 현실을 자각했다. 가정을 꾸려 가려면 월급 외에 일이 필요하다 판단했다. 경제적인 목표 외에도 조직 생활에도 어려움을 겪었다. 그때부터 회사를 다니며 부업으로 두어 가지 사업을 벌였다.

하나는 렌탈 스튜디오 사업이었고 다른 하나는 남대문 시장에서 인테리어 용품을 떼어 와 온라인에서 파는 일이었다. 1년쯤 버티자 수익이 났다. 안정적인 수익이 나자 회사를 그만두었다. 쇼핑몰 경험을 토대로 '제가 겪은 자본주의 매뉴얼을 공유합니다'라는 테마로 2018년 유튜브 채널 신사임당을 열었다. 신사임당은 5만원 권 지폐를 보고 착안했다. 돈을 많이 벌고 싶다는 소망을 담은 이름이다.

이렇게 보면 자연스럽게 유튜브를 한 것 같지만 속사정이 있었다. 사업에 뛰어들었다가 경력 단절이라는 막막한 상황을 막기 위해 유튜브를 시작했다. 영상을 만들고 있었다는 이력이 있어야 나중에 다시 피디로 재취업할 수 있을 거란 계산을 했다. 새로운 일을 하며 하던 일도 놓치지 않는 양다리를 걸친 거다.

플랜 B

국내 최고 MCN(다중채널네트워크, 인터넷 스타를 위한 기획사) 기업 샌드박스네트워크 공동 창업자 도티는 어려울 때 자신을 구한 건 양다리 걸치기였다고 말한다.

군대에서 행정병으로 복무하던 어느 날. 방송국 브랜드 광고를 보고 방송 피디가 되기로 결심했다. 전역하자 마자 실행에 옮겼다. 전공인 법학 대신 신문방송학 강의를 들었다. 그러나 자신감이 있던 건 아니었다. 그래서 플랜 B로 일반 기업 취업 준비를 했다. 양다리다.

신문방송학과 강의를 열심히 들을 무렵 싸이의 「강남스타일」 뮤직 비디오가 세계적으로 화제가 되었다. 그때 유튜브의 세계에 눈을 떴다. 잘 이용하면 방송국 입사에 좋은 스펙이 되겠다는 예감이 들었다. 유튜브 채널을 만들어서 구독자를 1000명쯤 모으면 특별한 자기 소개서가 되겠다 싶었다. 게임 유튜버 도티는 이렇게 탄생했다. 플랜 B의 플랜 B가 이어져 국내 최고의 크리에이터가 된 것이다.

양다리어들은 이렇게 여러 개의 일을 걸친다. 그중에서 소위 '얻어 걸리는 일'에 집중한다. 신사임당도 처음에 유튜브를 하나만 한 게 아니다. 2016년 게임, 육아, 사진, 인테리어 등 다양한 소재를 가지고 채널을 운영했는데 대부분 망했다. 그중에 가장 잘 된 게 채널 '신사임당'이다. 이때부터 전업 유튜버가 되었다.

성공이라는 타이틀을 획득한 후에도 그의 꿈은 다양한 프로젝트를 벌이는 일이다. 신사임당과 다른 채널을 만드는 일에서 쇼핑몰을 잘 키우기 위해 소프트웨어를 직접 개발하는 일까지 스펙트럼이 넓다.

그의 책 『킵고잉』에는 이런 말이 나온다. "인생은 운이다. 동전 던지기에서 10번 연속 뒷면만 나올 준비를 미리 해야 한다." 신사임당 주언규의 조언은 채널의 콘텐츠 만큼이나 현실적이다. 그가 말하는 제1의 준비는 사업을 하며 피디로서 돌아갈 자리를 만들기 위해 영상을 만들었던 것처럼 안전을 챙기는 일이다. 안전에 대한 확보가 미래를 개척하는 단단한 토양이다.

점의 연결이라는 마법

그는 건축가라는 직업을 '사회의 복잡한 관계를 정리해 주는 사람'으로 정의한다. 여러 사람들이 모여 살다 보면 반드시 갈등이 일어나는데, 건축가는 건물을 통해 사람들이 잘 살 수 있는 관계의 망을 구축하는 데 도움을 줄 수 있다는 것. 건축가 유현준 교수는 건축을 통해 인문을 이야기하는 사람이다.

잘나가는 유현준 교수에게도 못나가던 역사가 있었다. 아니, 처음부터 건축가의 길은 좌절의 연속이었다. 건축학과를 졸업할 무렵, 재능에 대한 의심이 자꾸 들었다고 한다. 과연 나에게 예술적이고 창의적인 면이 있을까, 교내 사생 대회에서 상이나 받던 사람이 할 수 있는 일일까. 자신감이 없었다. 불안은 성취 동력이 됐다. 유학을 간 것도 일종의 자기 테스트였다.

미국의 건축설계사 자격을 획득한 유교수는 한국행을 결심했다. 당시 국내 대학 건축학과의 학사 제도가 4년에서 5년으로 바뀌면서 교수 수요가 급격히 늘어나는 상황이었다. 비교적 수월하게 교수가 됐다. 그리고 자신의 이름을 건 건축설계 사무소도 차렸다. 인생이 순탄하게 흘러가는 듯 보였다.

그런데 설계 사무소를 열었는데 일거리가 생기지 않았다. 공모전은 죄다 떨어졌다. 대출을 끌어다 직원 월급을 주는 상처의 시간은 사십 대 후반까지 이어졌다. 이러다 폐인이 되어 세상 원망만 하며 살게 되는 건 아닐까 걱정이 잦아질 무렵 지인이 칼럼을 써 주지 않겠냐 제안했다. 원고료는 15만 원. 생계가 우선이었던 만큼 당시 적은 원고료도 큰 힘이 됐다.

칼럼은 좋은 반응을 얻었고 고정 칼럼이 되었다. 칼럼을 눈여겨본 출판사에서 연락이 왔고 그렇게 나온 책 『도시는 무엇으로 사는가』는 베스트셀러가 되었다.

"내가 계획했던 대로 되는 길은 없어요. 그래서 인생이란 길이 열리는 대로 가야 되는 거예요. 차선이 모여 최선이 되니까요."•

• 「알쓸신잡」 건축가 유현준 '불안은 내 성취의 원동력', 아홉시, 2019.09.16.

만약 원고 청탁이 들어왔을 때 건축으로만 승부를 보겠다며 뿌리쳤다면 어땠을까. 유교수는 그랬으면 지금쯤 폐인이 되어 세상을 원망하며 살고 있을지도 모른다고 했다. 단지 글을 쓰면서 책도 내고 기회가 많아졌다는 걸 의미하지 않을 것이다. 글을 쓰며 거둔 최고의 수확은 건축에 대한 안목이 넓어진 것. 유현준 교수는 이때 인생이 방향을 튼 것 같다고 회고한다.

어린 시절 일기 쓰는 것조차 싫어했던 유현준은 글쓰기를 계기로 자신도 몰랐던 관심사를 발견했다. 생계에 보탤 요량으로 시작했던 칼럼은 인생의 전환점이 되었다. 기대 이상의 길을 넓혀 준 건 단순한 우연이 아니었다. 숨은 공로는 사소한 도전이었다.

눈에 보이는 것 이상의 연결

중국 초일류 기업 알리바바의 창업자 마윈(Jack Ma)이 영어 교사 출신이라는 사실은 유명하다. 어릴 때부터 영어를 좋아해서 대학 전공도 영어교육학을 선택했다. 마윈의 삶을 조명할 때 영어가 차지하는 비중은 딱 이만큼이다. 세계적인 CEO로 발돋움하는 길에는 귀감이 될 만한 에피소드가 넘쳐 난다. 하지만 조금만 들여다 보면 마윈에 삶에 영어가 의외로 지대한 영향을 끼쳤다는 것을 알 수 있다.

잠시 12세 소년 마윈의 삶으로 들어가 보자. 어떤 이유인지는 몰라도 영어에 대한 열망이 한창이던 때였다. 그런데 애석하게도 영어를 배울 수 있는 곳이 없었다. 당시는 영어 책도 귀한 시절이었다.

마윈에게 한 가지 아이디어가 떠올랐다. 외국인이 많은 호텔로 가자. 마윈은 항저우 호텔에 가서 무료 가이드를 자처했다. 영어를 배울 요량이었다. 실력은 나날이 늘었다. 어느새 9년, 매일 아침 호텔을 찾았고 외국인을 만났다. 마윈의 능숙한 영어 실력은 이때 쌓아 올린 결과다. 그 덕분에 항저우 사범대학에 진학했고 바라는 대로 무난하게 영어 교사가 되었다. 그런데 시간이 흘러 돌이켜 보니 외국인 대상 가이드로 얻은 혜택은 단지 그것만이 아니었다.

한 번도 중국을 벗어나 교육을 받아 본 적 없던 학생 마윈은 낯선 이야기를 듣게 된다. 그들은 마윈이 학교에서 배운 것들과 다른 이야기를 했다. 부모님으로부터 배운 것들과도 달랐다.

"서양 관광객들이 저의 사고방식을 열어 주었습니다. 이후로 새로운 습관이 생겼습니다. 무엇을 보든 무엇을 읽든 새로운 사

고방식을 이용하게 되었습니다."●

애니메이션 영화의 거장 미야자키 하야오(みやざきはやお)는 대학에서 경제학을 전공했다. 우연히 동아리 인형극 시나리오를 썼는데 큰 호응을 얻게 된다. 자신감을 얻은 하야오는 신인 만화 작가에 지원했는데 당선됐다. 그때부터 진로가 완전히 바뀌었다. 하야오는 어렸을 때부터 그림 그리기를 무척 좋아했다. 심지어 전공도 미술을 선택하려고 했을 정도였다. 경제학과는 아버지와 아들이 선택한 타협점이었다. 오래된 관심이 우연을 통해 되살아난 것이다.

사소한 점을 연결하기 전까지는 모른다. 한 사람의 성공이 거대해 보이는 것도 사소한 과정이 생략된 연유도 빼놓을 수 없다. 그래서 그저 원래 뛰어난 사람이 시대를 잘 타서 이룩해낸 성과로 읽는 경향이 있다.

마윈 역시 당시에는 단지 외국인을 만나며 영어 실력만 향상되었다고 믿었다. 깨달음은 시간이 지나서야 찾아왔다. 그를 키운 본질은 외국어가 아니라 외국인이었다. 마윈이 중국 가이드를 한 것처럼 그들은 마윈의 세계관을 확장시키는 데 도움

● 마윈, 다보스포럼 인터뷰, 2015.01.

을 준 외국 가이드였던 셈이다. 이 마법 같은 점의 연결에는 매일 무료 가이드를 청했던 마윈의 꾸준한 노력이 있었음을 놓쳐서는 안 된다.

다윈은
어떻게 그 배를 탔을까?

이름난 의사였던 찰스 로버트 다윈(Charles Robert Darwin)의 아버지는 다윈이 9세가 되자 기숙학교에 보낼 정도로 교육열이 높았다. 순한 아들은 기대에 부응해 열심히 공부했고, 에든버러 의대에 입학했다. 그러나 그에게 수업은 지루하기 그지없었고, 무엇보다 수술실의 풍경은 끔찍하기만 했다. 당시는 마취제가 없던 시절이라 환자들이 정신이 말짱한 상태에서 수술을 받았다.

여름방학이 되어 집에 돌아온 다윈은 아버지에게 의사가 되고 싶지 않다고 말하고 싶었지만 용기를 내지 못했다. 2학년이 되면서 아들의 의중을 눈치챈 아버지는 목사를 권유했다. 당시 목사는 사회적으로 꽤나 인정받는 직업이었다.

아들은 아버지의 말에 순종해 케임브리지 신학대학에 입학했다. 하지만 그곳에서의 생활도 기대와 달리 금세 따분해졌다. 한 가지 소득이 있다면 그의 인생에 큰 영향을 끼치게 될 식물학자 헨슬로 교수를 만난 것이다.

다윈이 신학대학을 졸업할 무렵이었다. 해군 측량선 비글호의 조사원으로 헨슬로 교수의 추천을 받았다. 그러나 아버지가 보기에는 그저 장기 여행에 지나지 않았다. 그런 여행을 허락해 줄 아버지가 아니었다. 다윈은 아버지의 훈계에 따라 교수에게 비글호에 승선하지 못하겠다는 편지를 보낸다.

만약 그때 정말로 다윈이 그 배를 타지 않았다면 어떻게 되었을까? 인류에 남긴 그의 위대한 업적은 존재하지 않았을 것이다. 결국 외삼촌의 도움으로 아버지를 설득하고, 그는 비글호 프로젝트에 합류한다. 그 기간 수집한 표본들은 그 유명한 종의 기원의 핵심 자료가 된다. 세계 일주는 다윈의 인생을 송두리째 바꾸어 놓았다.

딱정벌레를 좋아하던 신학도

다윈이 그 배를 탄 건 우연이었을까? 다윈의 인생을 알게 되면 그렇게 보지 않을 것이다. 다윈은 어릴 때부터 자연에서 뛰놀기를 그 무엇보다 좋아했다. 나무에 기어오르거나 곤충을 관찰하고 새를 사냥하는 일이 주된 놀이였다. 수집벽이 있어 바닷가에서 신기한 돌을 주워 오는 일도 빼놓을 수 없는 즐거움이었다.

대학을 가서도 마찬가지였다. 에든버러 의대에 다닐 때도 의학 공부보다 박물관과 도서관을 다니며 생물을 연구하는 걸 더 좋아했다. 케임브리지 대학에서 신학을 공부할 때 딱정벌레 수집보다 더 열의를 가진 일은 없었다. 딱정벌레에 대한 열정이 어느 정도였는지 자서전에서 밝혔다.

> "하루는 오래된 나무의 껍질을 벗기다가 진귀한 딱정벌레 두 마리를 보았다. 한 손에 한 마리씩 집어 들고 보니 세 번째로 다른 종류의 딱정벌레가 나타났다. 그 녀석을 놓칠 수 없었기에 나는 오른손에 들고 있던 것을 입에 집어넣었다. 그런데 세상에, 그 녀석이 지독한 분비액을 싸버린 것이다. 어찌나 독하던지 혀가 타는 듯해서 딱정벌레를 뱉어내야만 했다. 그 바람에 그 녀석을 잃어버렸을 뿐만 아니라 세 번째 녀석도 놓쳐 버렸다."●

● 찰스 다윈, 「나의 삶은 서서히 진화해왔다」, 갈라파고스, 2003, 59쪽

식물학자인 헨슬로 교수를 만난 걸 그저 벼락 행운으로 볼 수 없는 이유다. 자연스러운 이끌림이었다. 몇 번의 만남으로 비글호 승선을 권유 받은 것도 아니었다. 케임브리지 대학 생활의 절반을 헨슬로 교수와 산책을 할 정도였다.

취미라는 이름으로

침팬지에 대한 획기적인 사실을 발견해 낸 동물학자 제인 구달(Valerie Jane Goodall). 동물학자가 아니었으면 무슨 일을 했을까 하는 상상을 할 정도로 제인 구달의 이야기는 유아기부터 노년기까지 온통 동물 이야기뿐이다. 변변한 교육도 받지 못한 제인은 어떻게 세계적인 동물학자가 될 수 있었을까?

제인 구달이 7세 때 어머니는 휴 로프팅이 쓴 『둘리틀 선생 아프리카로 간다』라는 책을 빌려다 주었다. 이야기는 제인을 단번에 사로잡았고 언젠가 아프리카에 가겠다고 결심했다. 제인은 고등학교 때 전교에서 2, 3등을 다툴 정도로 공부를 잘했다. 학창 시절이 끝나 갈 무렵 고민이 찾아왔다.

보통 진로를 정할 때 좋아하는 것과 생존에 유리한 것 그리고 자신의 환경을 종합적으로 분석하고 선택한다. 제인도 마찬가지였다. 제인은 동물을 관찰하고 동물에 관한 글을 쓰며 살고 싶었다. 그러나 대학에 갈 형편이 되지 않아 비서 학교로 진학했다. 취업에 유리한 쪽으로 진로를 선택한 것이다. 실제 제인은 타자와 부기를 배워 병원 비서와 대학 행정실에 취업했다. 차선의 진로라고 스스로를 위안했지만 일은 지루했다. 다큐멘터리 제작사로 일터를 옮겼지만 그조차도 가슴 설레는 일이 아니었다.

그때 일생일대의 행운이 찾아왔다. 케냐로 이민 간 동창이 초대장을 보내온 것. 제인의 나이 23세. 그는 식당 종업원으로 모은 돈으로 오랫동안 꿈꿔 왔던 미지의 대륙으로 떠난다. 그곳에서 제인은 친구의 소개로 침팬지를 연구하던 인류학자 루이스 리키 박사의 조수가 된다. 이를 계기로 제인도 침팬지 연구자의 길을 걷는다.

정리해 보면 제인은 어릴 때부터 줄곧 동물을 좋아했다. 하지만 형편상 썩 내키지 않은 취업 현장으로 내몰려 지루한 청년기를 보낸다. 남들에게 없는 행운으로 동물의 천국 아프리카로 떠나고 게다가 인생의 스승까지 만나 어릴 때 꿈을 실현했다.

'아, 좋아하는 일이 있으면 행운의 여신이 함께하는구나.' 이런 생각이 들 법하다. 마치 관심과 우연이 제인의 인생을 가득

채운 것 같다.

하지만 사람들과 간과하는 것이 있다. 비서와 식당 종업원 등 전혀 다른 일을 하면서 동물에 대한 관심을 놓지 않았던 사실. 그녀는 일하는 틈틈이 자연사 박물관을 찾았고, 아프리카 동물에 관한 책을 읽으면서 꿈을 놓지 않았다. 직업으로 연결되지 못했을 뿐 꾸준하게 양다리를 걸치고 있었던 것이다.

우연이라는 방아쇠

일의 시작에는 어떤 힘이 작용하는 걸까? 계획이 이끄는 걸까?
우연한 착수일까? 양다리어들은 적어도 시작만큼은 계획이 아
닌 우연인 경우가 많다고 말한다. 최송현의 말을 들어 보자.

"지인이 스킨스쿠버를 추천해 줘서 배우게 됐는데 전혀 다
른 세상이었어요. 제가 있어야 할 곳이 방송 세계가 아니라 물
속 세계라는 생각이 들 정도였죠."

최송현이 바다에 관심을 갖게 된 계기는 새로운 직업 준비
도 아니고 방송이라는 기존의 직업에서 파생된 것도 아니라
그저 우연이었다. 한 사람의 직업을 우연을 빼고 필연으로 설
명하다가는 금세 벽에 부딪힌다.

치과의사 김영삼은 한 번도 일탈을 해 본 적이 없는 순한 청

소년이었다. 어머니가 등록금이 저렴한 국립대를 가라고 해서 전북대에 지원했다. 그중에서 자신의 점수에 꼭 맞는 학과가 치대였다. 그렇게 의사의 길이 정해졌을 무렵, TV를 보는데 개그맨 시험 안내가 떴다. 한번 해 볼까 하는 생각으로 도전했는데 붙어 버렸다. 순간의 선택으로 천직이 바뀌었다.

그런데 왜 그는 개그맨의 길을 스스로 떠났을까. 답변은 싱거울 만큼 간단했다. 그저 안 웃겨서. 만약 대중들에게 사랑 받는 유행어라도 있었다면 결코 떠나지 않았을 거라 말했다.

우연의 메시지

운명은 혼자 힘으로 만들 수 없다. 우리는 운이 따라 주지 않은 실력자들의 이야기들을 많이 알고 있다. 『이코노믹 씽킹』, 『경쟁의 종말』 같은 대중서로도 유명한 경제학자 로버트 프랭크는 저서 『행운 그리고 실력주의라는 신화』에서 "크게 성공한 사람 대부분은 행운아"라고 말한다. 다양한 사례를 들어 성공과 실패가 종종 개인이 통제할 수 없는 사건들에 의해 좌우된다고 거침없이 주장한다.

로버트 프랭크 교수가 사랑하는 작가 마이클 루이스(Michael Lewis)의 이야기를 들어 보자.『머니볼』로 유명한 마이클 루이스는 지금도 왕성하게 활동하고 있는 최고의 논픽션 작가다. 그는 2012년 자신의 모교인 프린스턴 대학 졸업식 축하 연설에서 다음과 같이 말했다.

"하루는 어느 저녁 식사 자리에 초대를 받았습니다. 그런데 우연히 월가의 대형 투자은행 살로먼브라더스에 있는 거물급 인사의 부인 옆에 앉게 되었습니다. 저를 좋게 봤는지 그녀는 저에게 괜찮은 자리 하나를 주라고 남편에게 거의 강요하다시피 굴더군요. 저는 살로먼브라더스에 대해 아는 것이 거의 없었습니다. 월가가 오늘날 우리 모두에게 친숙하고 사랑받는 장소로 변모하기 시작하던 시절이었는데, 살로먼브라더스가 바로 그 중심에 서 있었습니다. 그곳에서 저는 미친 듯이 성장하고 있는 금융시장을 주시하는 데 가장 좋은 자리를 덜컥 배정받고 일을 시작했습니다. 이런 환경 덕분에 저는 주택 파생 상품 전문가로 거듭날 수 있었습니다. 1년 반 정도 지난 뒤로는 여러 전문적인 투자자에게 금융 파생 상품에 대한 조언을 하는 대가로 살로먼브라더스로부터 수십만 달러를 받게 되었습니다."

평범한 금융 세일즈맨이었던 루이스는 이 기적 같은 행운을 계기로 억대 연봉자가 되었다. 그뿐만 아니라 루이스는 살로먼에서 경험한 바를 토대로 1989년 『거짓말쟁이의 포커』라는 책을 출간했다. 반응은 폭발적이었다.

"당시 스물여덟 살이던 저는 작가라는 경력과 약간의 명성 그리고 엄청난 돈과 새로운 인생 이야기를 일거에 거머쥐게 되었습니다. 그러자 사람들은 내가 타고난 작가라고 이야기하기 시작했습니다. 정말 말도 안 되는 일이었어요. 사실 그저 운이 좋았다고 하는 편이 훨씬 더 정확한 설명일 겁니다. 저녁 식사 테이블에서 살로먼브라더스의 거물급 인사의 부인 옆에 앉을 확률은 얼마나 될까요? 이른 나이에 베스트셀러를 쓸 수 있게 해 준 월가 최고의 회사에서 일하게 될 확률, 월가의 경제 상황을 가장 잘 지켜볼 수 있는 바로 그 자리에 앉게 될 확률은 또 얼마나 될까요?"

루이스가 늘어 놓는 확률은 끝이 없다. 행운의 사나이는 그저 로또에 당첨된 인생일까? 우리가 그에게서 배워야 할 것은 없을까?

통제할 수 있는 우연

나는 '우연'이 삶에 가장 큰 영향을 미친다고 주장할 생각은 없다. 하지만 적어도 세 손가락 안에는 든다고 말할 수 있다. 우연을 빼고 자신의 인생 스토리를 충분하게 설명할 수 있는 사람이 적기 때문이다. 그렇다면 어떻게 우연을 확대할 수 있을까?

루이스의 교훈에는 숨은 메시지가 있다. 그가 작가가 된 계기를 보자. 파생 상품 금융 전문가로만 살 수 있었는데 굳이 글을 썼다는 것이다. 루이스는 당시 지적 열정이 끓어오르고 있었다. 그 열정을 그로 표현하고 싶어 했다. 그래서 양다리를 걸친 거다.

우리는 「개콘」을 거친 개그맨 중에 원치 않은 생존에 쫓기지 않고 제2의 삶을 살고 있는 사람들의 소식을 듣는다. 그들이 생존 문제에서 덜 심각할 수 있는 이유는 양다리로 걸친 또 다른 일이 있었기 때문이다. 우리는 또한 그 양다리가 생존에 대한 대비가 아니라 그저 우연이었다는 사실을 알고 있다.

토스 창업자 이승건 대표는 치과의사 출신이다. 2008년 삼성의료원에서 전공의 생활을 했다. 이후 남해의 섬에서 공중보건의 생활을 하다 루소의 생각에 매료되어 세상에 도움이 될 IT 서비스 사업을 구상했다고 한다. 언뜻 보면 엄청난 우연이 작용한 것 같지만 우리가 놓쳐서는 안 되는 것이 있다. 루소의 책을 만나기 전에 수백 권의 책을 읽었다는 사실이다.

이제 우리가 주목할 것은 자명해진다. 우연은 통제할 수 없는 법이다. 언제 왔다가 가는지도 알 수 없다. 흥미와 적성 그리고 이를 받들고 있는 잠재력도 '발견'하기 전까지는 존재하는지도 모른다.

우연을 맞닥뜨릴 수 있는 확률을 키우는 것이 나도 몰랐던 자아를 찾는 방법이다. 양다리는 확률을 높이는 수단이다. 생존이라는 근원적 불안을 다스리는 방법도 양다리 뻗치기에 있다. 살아남기 그리고 자아 찾기. 그야말로 꿩 먹고 알 먹기 아닌가.

SAFETY
ZONE

제 5 장

자신에게 한계를
두지 말자

스타 국어 강사의
언어장애

2003년 봄, 방송국 입사 갓 1년을 넘긴 시점. 나는 잠시 라디오 프로그램 연출을 맡게 됐다. 엄밀히 말해 조연출 업무를 연장해야 하는데 발령 받은 라디오는 통상 조연출이 없던지라 갑자기 연출자 신분이 되었다.

연출이 뭔지 모르는 풋내기였다. 더군다나 라디오는 TV와 문법이 상당히 달랐다. 발령 받고 첫 일주일, 마치 방청객인양 프로그램을 순회하며 스튜디오에 앉아 있었다. 그날 내가 라디오 첫 연출을 맡게 될 줄은 부조에 앉기까지 몰랐다. 여자 진행자는 쇼 프로그램에서 보던 전문 MC, 남자 진행자는 스타 국어 강사로 유명한 이만기 선생님이었다.

선배 연출자의 권고 아닌 지시로 얼떨결에 1회 녹음을 맡았다. 두 명의 MC의 배려로 가까스로 마칠 수 있었다. 당시만 해도 방송국에 입사한 지 갓 일 년을 넘긴 때라 내 본분보다 유명인과 함께한다는 사실에 압도되던 때였다. 어떻게 저렇게 말을 잘 할 수 있을까. 저런 게 바로 천직 아닐까.

세월이 흘러 10년 후 이만기 선생님을 만났다. 교직을 떠났고 직함은 연구소 소장으로 바뀌었다. 다시 10년 후 이만기 소장이 강사 생활을 회고하며 비법을 알려 주는 에세이 원고를 보내 주었다. 『강의 그거 별거 아냐』(경향미디어, 2020) 출판을 앞두고 있는데 책이 쓸 만한지 검토해 달란 부탁이었다. 나는 감사한 마음으로 책을 읽었다. 감탄을 하며 읽다 놀라운 대목을 발견했다. 이만기 선생의 어린 시절에 대한 이야기였다.

"어린 시절 나는 말을 더듬는 언어장애가 있었다. 지금도 가끔 흥분하면 장애가 재발하기도 한다. 말을 얼마나 심하게 더듬었던지 의사 전달이 잘 안될 때는 어른들에게 야단을 맞았다. 또래 아이들에게는 놀림까지 받았다."

믿을 수 없는 고백은 이어졌다.

"집은 가난했고 말을 더듬는 버릇까지 겹쳐 성격은 점차 내성

적으로 변했다. 책을 읽는 순서만 돌아와도 가슴이 두근두근했
다."

이만기 소장은 고등학생이 되어 언제까지 그렇게 살 수 없
다는 결론을 내렸다. 동네에서 떨어진 언덕 위에 올라가 큰 소
리로 책을 읽으며 말 더듬는 버릇을 없애려고 부단히 노력했
다. 대학생이 되어 마이크처럼 손에 무엇인가를 쥐고 대중 앞
에 서면 신기하게 더듬지 않는다는 것을 발견했다. 그때부터
더욱 의식적인 노력을 했다. 결국 말을 더듬는 건 심리적인 문
제라는 것을 깨닫게 되었다.

콤플렉스를 극복하고 남들 앞에서 말하는 것을 업으로 삼고
있으니 아이러니이자 대단한 일이 아닐 수 없다. 만약 이만기
소장이 내가 말을 더듬는 건 어쩔 수 없는 일이라고 지레 단정
지어 버렸으면 어떻게 되었을까? 수많은 고등학생들이 '국포
자'가 되었을지도 모른다.

한 번도
의심하지 않던 길

피아니스트 선우예권. 2017년 한국인 최초로 미국 반 클라이번 국제 콩쿠르에서 우승하며 대중들이게 이름을 알렸다. 반 클라이번은 조성진이 우승한 폴란드 쇼팽 콩쿠르에 버금가는 피아노 경연 대회다. 서른을 넘기면서부터는 "대가의 반열에 올랐다"는 평을 받고 있다.

초등학교 1학년, 장래 희망을 그림일기로 그려 낼 때 선우예권은 달리기 선수를 그렸다. 그런 아이가 이듬해 피아노 앞에 앉은 이후 피아니스트가 아닌 길을 생각해 본 적이 없다고 말한다.

"단 한순간도 놓치지 않고 늘 좋은 연주자가 되기 위해 달려온 것 같아요. 만약 중간에 딴 길로 갔어도 다시 음악 관련 일을 하고 있을 거예요. 다른 쪽엔 특별히 재능이 없는 것 같아요."●

음악, 미술 같은 예술 쪽에선 이처럼 '한 우물만 판' 사람이 많다. 피아니스트 백다은. 그녀의 길도 예정된 것이나 마찬가지였다. 시작은 선우예권보다 훨씬 빨랐다. 다섯 살 때부터 피아노를 시작해 유치원 때부터 장래 희망란에 항상 피아니스트를 적었다. 도에서 옥타브 미까지 닿을 만큼 손가락이 길어 피아노를 치기에도 유리한 신체 조건이었다. 게다가 절대음감까지 있어 처음 듣는 음악도 듣고 바로 똑같이 연주할 수 있었다.

타고난 재능이 있었으므로 음악인의 길을 한 번도 의심하지 않았다. 학교 음악 시간에는 반주를 도맡아 했고 친구들은 농담 삼아 '백토벤'이라는 별명을 만들어 주기도 했다.

그로부터 10년 뒤 백다은은 초등학교 교사가 되었다. 초등학교 동창의 시각으로 보면 극적인 변화다. 그녀의 이야기를 들어 보자.

"사춘기에 접어들면서 피아니스트가 되고 싶다는 생각에 조금

● '피아니스트 선우예권, 1인칭 주인공 시점의 농밀함', topcalss, 2021.01.

씩 변화가 생겼습니다. 초등학생 고학년 시절은 콩쿠르를 준비하면서 매일 밤 10시, 11시까지 피아노 학원에서 연습하던 때였는데, 같은 곡을 똑같이 연주하기 위해 레슨 받고 연습하는 과정이 기계적으로 느껴지기 시작했던 겁니다. 스트레스를 풀답시고 틈날 때마다 당시 유행하던 애니메이션이나 드라마 OST, 크리스마스 캐럴 등을 같이 연습하던 친구들 앞에서 들려주다가 원장 선생님께 불려가 눈물이 쏙 빠지도록 혼이 나곤 했습니다. 그런 일들이 반복되면서 점점 피아노에 대한 흥미를 잃고, 피아니스트의 꿈은 결국 접게 되었습니다."•

고등학생이 된 백다은은 교사라는 직업에 관심을 갖게 되었다. 자연스레 교대에 진학했고 초등학교 교사가 되었다. 그렇다면 음악에 대한 꿈은 포기한 걸까? 그렇지도 않다. 그녀는 아이들을 가르치며 동요 작사도 하고 작곡도 한다. 백다은 교사가 가지고 있는 음악 재능은 아이들과 반 주제가를 만들고 메들리를 연주하며 발휘되고 있다. 어릴 때 선망하던 해외 순회공연을 다니는 피아니스트는 아니지만 또 다른 의미의 천직에 가까워지고 있다고 소회를 밝힌다.

• 백다은, 『십대를 위한 두근두근 N잡 대모험』 팜파스, 2019

백다은은 교사가 된 후 새로운 이름을 얻었다. 어린이책 작가, 방송 진행자, 강연가. 모두 교육과 연결되고 이 경험들은 다시 수업 속에 녹아들고 있다.

천직의 의미

요리 연구가 겸 기업인 백종원은 요식업의 아이콘이 됐다. 그런 만큼 사람들은 백종원이 학창 시절부터 요리에 관심을 집중했을 거라 생각한다. 하지만 그의 사회생활 시작은 음식이 아니었다. 백종원이 지금 가지고 있는 장사 철학은 사실 중고차 딜러에서 연유된다고 KBS「대화의 희열」에 출연해 밝혔다.

모두가 부러워할 정도로 중고차를 잘 팔았던 그는 어느 날 손님에게 따귀를 맞았다. 알고 보니 주행거리와 사고 여부가 모두 조작된 차였다. 이를 계기로 백종원은 '천직'이라 믿었던 딜러를 그만두었다. 물론 장사의 책임감이라는 큰 깨달음이 있었고 이는 요식업의 자양분이 되었다.

천직은 하늘의 부름을 받은 일을 의미한다. 부름 받은 대로 일을 하면 좌고우면할 일도 적을 것이다. 그래서 우리는 고민한다. '이 일이 나의 천직일까?', '정말 내가 원하는 일은 무엇일까?' 이런 질문이 비단 학창 시절에 머물지는 않는다.

상당수가 천직은 단 하나일 것이라고 생각한다. 하지만 천직의 정의를 '내가 만족해하는 일'이라 정의한다면 가변성에 대해서도 생각해야 한다. 천직이라고 믿었던 것을 한순간에 내팽개치는 일은 다반사로 일어난다. 어디까지나 만족하는 단계에서 한시적 개념으로 이해하는 것이 좋다. 변심하는 순간 천직은 천직이 아니다.

양다리가 키운 대작
파우스트

요한 볼프강 폰 괴테(Johann Wolfgang von Goethe)는 교육열 높은 아버지의 영향을 많이 받았다. 덕분에 어려서부터 그리스어, 라틴어, 히브리어, 불어, 영어, 이탈리아어 등 여러 나라의 언어를 습득했고, 다양한 고전 문학을 섭렵했다. 13세에 시집을 낼 정도로 문학에 두각을 나타냈다.

하지만 아버지 요한 카스파어 괴테의 마음은 딴 곳에 있었다. 아들을 법률가로 키워 귀족 사회에 편입시키고자 했다. 본인이 못 이룬 꿈을 아들을 통해 이루고자 했던 것이다. 아버지는 많은 재산을 물려받았고 좋은 대학까지 나왔지만 그토록 갈망하던 공직에 진입하는 데 실패했다는 한을 가지고 있었다.

괴테는 아버지의 말씀에 순종했고 라이프치히 대학에서 법학을 공부했다. 대학을 졸업하고 다시 스트라스부르 대학에서 법학박사로 학업을 마무리했다. 이후 고향 프랑크푸르트로 돌아와 변호사로 개업했다. 괴테는 아버지가 원하는 삶을 착실하게 따랐다. 미래의 대문호를 내다보는 사람은 아무도 없었다.

다재다능한 르네상스인

괴테는 아버지 말씀에 따라 1772년 제국 고등법원의 실습생으로 몇 달 동안 베츨러라는 지방에 머물렀다. 여기서 약혼자가 있는 샤를로테 부프를 사랑하며 좌절한다. 이 때의 경험을 기초로 4주 만에 완성한 소설이 바로『젊은 베르테르의 슬픔』(1774)이다.

이 한 권의 책으로 괴테는 변호사보다 유명한 작가가 되었다. 수많은 사람들이 베스트셀러 작가를 만나기 위해 프랑크푸르트로 몰려들었다. 책을 감명 깊게 읽은 사람 중에는 바이마르 공국의 젊은 통치자 아우구스트 공작도 있었다. 공작은 괴테를 초청했다. 이를 계기로 괴테는 궁정 고문이 되었다.

변호사이자 작가이자 행정인 괴테는 공인으로서 책임감을 가지고 일했다. 괴테는 건설 장관이 되어 공원을 조성했고 마침내 내각 주석에까지 취임했다. 국가 재정을 총괄하며 모든 분야에서 개혁을 단행할 만큼 정치인으로서 상당한 재능을 보여 주었다.

이 밖에도 괴테는 궁중 연극 감독이었고 철학자였고 뉴튼의 광학 이론에 도전한 자연 과학자이기도 했다. 음악에도 관심이 많아 오페라 제작에 힘쓰기도 했으며 평생 동안 1,000점이 넘는 그림을 남겼다. 업적을 일일이 언급하기 힘들 정도로 다재다능한 르네상스인이었다.

어떻게 이 많은 일을 하면서 대문호가 되었을까? 많은 일의 상당 부분은 누군가의 제안으로 시작했다. 아버지가 이끈 변호사의 길을 받아들였고 귀족이 제안한 공무원의 길도 감사해했다. 이런 가운데 위대한 작품을 써 낸 것이다. 그리고 괴테에게는 남들이 모르는 또 다른 세계가 있었다.

60년에 걸친 양다리

괴테는 대학 시절 법학도였지만 전공보다 문학 강의를 더 많이 들었다. 첫 희곡 『연인의 변덕』(1767)도 그때 나왔다. 법학 박사 과정 때는 셰익스피어의 위대함에 눈을 떴다. 변호사가 되어서는 여러 문인들과 교제했다. 폭 넓게 책을 읽고 시와 희곡을 습작했다.

내각 주석으로 바쁘게 정사를 돌볼 때에도 글쓰기는 멈추지 않았다. 『빌헬름 마이스터』(1785), 『이피게테이아』(1787), 『에그몬트』(1787), 『타소』(1789)와 같은 작품들은 정치인 생활을 하면서 완성한 작품이다.

『파우스트』는 괴테가 일필휘지로 쓴 『젊은 베르테르의 슬픔』과 대조될 정도로 가장 오랫동안 붙잡고 쓴 대작이다. 세계 문학 사상 최대 걸작이라고 하는 『파우스트』는 시간의 측면으로만 봐도 대작이다. 괴테 인생으로 보면 청년기에서 노년기까지 길게 걸친 거대한 양다리라고 할 수 있다.

초고 집필은 슈트라스부르크 대학에서 공부하던 시절로 거슬러 올라간다. 하지만 처음부터 큰 계획을 세워 놓고 체계적으로 쓰지는 않았다. 그때그때 느낌대로 주제를 달리했다. 그렇게 해서 나온 일부가 『파우스트 단편』(1790)이다.

독일 문학계의 거장 실러는 이 단편을 읽고 감탄했고 완성을 독려해서 괴테는 7년 뒤에 다시 집필을 시작했다. 1808년에 1부가 간행되었고, 2부의 집필은 또 다시 한참의 세월이 흘러 1825년에 시작되어 6년 뒤인 1831년에 비로소 끝났다. 그의 나이 82세였다. 눈을 감기 1년 전의 일이었다.

괴테가 누린 다양한 삶은 글쓰기에도 자연스럽게 스며들었다. 파우스트의 1부는 첫 사회생활을 했던 변호사 시절 사건에서 시작된다. 괴테는 파우스트의 최종 교정을 마치고 나서 그렇게 말했다.

"내 작품은 한 집단적 존재의 작품인데 괴테라는 이름을 달고 있다."•

방대한 작품 규모는 한 사람의 집요한 상상력이 아닌 드넓은 경험을 집대성한 결과라는 의미일 것이다.

괴테는 사랑했던 연인들도 작품 곳곳에 등장시켰다. 그런가 하면 "맛없는 와인을 먹기에는 인생이 너무 짧다."라고 말할 정도로 와인 애호가이기도 했다. 괴테가 걸어간 길은 그대로 인간에게 일이란 무엇이며 잠재력의 끝은 어디인지를 묻는다.

• 요한 볼프강 폰 괴테, 『파우스트』, 길, 2020, 14쪽

삶에 공식은 있는가?

스케이트로 금메달을 딴 선수는 은퇴 후 무슨 일을 할까? 십중 팔구 코치와 같은 지도자가 될 거라 예상한다. 박승희가 가장 많이 받는 질문도 그런 맥락에서 이해가 된다.

"평생 스케이트를 타다 어떻게 디자인을 하게 됐습니까?"

박승희는 2010년부터 2018년까지 3회 연속 동계올림픽 쇼트 트랙 국가 대표로 활약했다. 총 17년의 선수 생활을 하며 메이 저 대회에서 딴 금메달만 13개. 올림픽 쇼트 트랙 전 종목 메달 획득자 박승희는 2018년 은퇴하고 가방 디자이너로 전향했다.

지인들이 볼 때 의외의 결정이었다. 스케이트를 하는 선배 들은 반대했다. 패션 쪽에 있는 사람들도 걱정했다. 하지만 가 족들은 그의 선택을 지지해 주었다. 어렸을 때부터 디자이너가 꿈이었다는 걸 알았기 때문이다.

그런데 박승희는 왜 애초에 디자인을 선택하지 않았을까? 스케이트는 아홉 살에 처음 취미로 시작했다. 주말마다 언니와 빙상장에 갔는데 마냥 즐거웠다. 어쩌다 보니 재능이 있어 열한 살부터 선수 생활을 했다. 재미도 있었고 목표 의식도 있었다. 그런 인연으로 최고의 자리까지 오르게 된 것.

운동도 좋아했지만 디자인에 대한 끌림도 워낙 강했다. 박승희는 욕구를 누르지 않았다. 운동을 하면서도 좋아하는 일을 오래전부터 병행했다. 국가 대표 시절 선수촌 수당은 하루 3만 원. 박승희는 그 돈으로 인터넷 쇼핑을 했다. 훈련을 하는 틈틈이 의류 디자인을 병행했다. 그런 과정을 거치며 디자이너 일을 해도 되겠다는 생각을 했다. 은퇴 후에는 당연히 더 많은 시간을 공부에 투자했다. 디자인을 직접 하는 건 물론이고 주문을 받기 위해 직접 현장을 뛰기도 했다.

디자이너 박승희는 어릴 때부터 잊지 않는 말이 있다고 한다. "가슴 뛰는 일을 해라." 어머니가 해 준 말이다. 무엇을 선택하든 자신의 행복을 우선하는 것. 최고의 스케이트 선수가 코치를 하지 않는 것이 그에게 전혀 이상하지 않은 이유다. 박승희는 "빙상이 아니어도 충분히 다른 분야에서도 행복하고 재미있게 살 수 있다는 본보기가 되고 싶다."*고 했다.

박승희가 뚜렷한 족적을 남기고도 전혀 다른 일을 시작한 경우라면 다른 결의 삶도 있다. 즉 전혀 연결될 것 같지 않은 일을 하다가 분야의 최고가 된 사람들이다.

넷플릭스 「킹덤」, tvN 「시그널」 등의 대작을 히트 시킨 김은희 작가는 가수 김완선의 댄서였다. 지인조차 잘 모르던 이색 이력은 남편 장항준 감독이 토크 콘서트에서 폭로하면서 알려졌다. 이에 김은희 작가는 "김완선 씨는 모를 거다."라고 말했는데 그 이유는 댄서 중에서도 보조 역할을 했기 때문이다.

전직이 독특한 경우는 작가 쪽이 많다. JTBC 「미스 함무라비」를 집필한 문유석 작가는 현직 판사다. 워낙 어린 시절부터 만화, 소설, 영화를 좋아했다고 한다. 이야기를 좋아하다 보니 틈틈이 쓰게 되었고 신문 연재라는 기회까지 생겼다. 드라마 작가는 신문 연재가 이어준 점의 연결이다.

KBS 드라마 「정도전」을 집필한 정현민 작가는 국회의원 보좌관 출신이다. 정현민 작가는 "8년 차가 됐을 때 드라마 작가로부터 보좌관의 생애를 다룬 드라마를 하고 싶다는 취재 연락을 받았다."●고 한다. 그 인연이 작가 교육원에서 교육을 받는 계기가 됐다고 회상했다. 당시 보좌관이었던 정현민은 작가

● '디자이너 된 금메달리스트, 은퇴하니 첫 슬럼프가 왔다', 한국일보, 2020.11.13.
● '정도전 작가 정현민, 보좌관 10년 경험 집필에 도움', 경기일보, 2014.07.30.

교육을 병행하다 당선 소식을 듣고 본격적으로 작가의 길을 선택했다.

내 안에 있는 여러 개의 나

이색 전직에서 작가가 된 사람들의 이야기를 들으면 어떤 느낌이 드는가? 우연이 개입됐지만 대단한 결심은 보이지 않는다. 스케이트 선수 출신 박승희의 인터뷰에도 무엇을 도전하겠다는 결연한 느낌은 없다. 단지 '하고 싶은 것'에 대한 이야기로 가득하다.

그때그때 원하는 삶을 추구하는 사람보다 더 부러운 사람이 있을까? 삶의 방점을 성공이 아닌 행복에 둔다면 말이다. 네이선 사와야(Nathan Sawaya)는 변호사로서 억대 연봉을 포기하고 레고 아티스트가 됐다. 불투명한 미래와 자신을 백수로 여기는 시선도 이겨 내야 했지만 그는 행복한 시간을 선택했다. 그는 말한다.

"모두가 옳다고 해도 나와 맞지 않으면 무슨 소용인가요?"[•]

• '억대 연봉 대신 백수 선택했던 남자 레고아티스트 네이선 사와야', 아시아투데이, 2017.11.11.

인생학교의 공동 설립자인 철학자 로먼 크르즈나릭(Roman Krznaric)은 '한 번쯤 직업을 바꿔 보는 것이 오히려 인생을 풍요롭게 사는 길'이라고 조언한다. 사람은 여러 개의 자아가 존재하기 때문에 어떤 일에서 더 높은 몰입감을 경험할지 알 수 없기 때문이다.

특별히 잘하는 게 없어도

30년 전 일이다. 고등학교 1학년, 입시 공부에 매진해도 부족할 판에 남들보다 열심히 신문을 읽던 때가 있었다. 생생한 이야기로 가득한 신문은 신세계였다. 읽고 나면 똑똑해지는 느낌이 들었다. 수업을 마치고 동네 독서실에 오면 먼저 신문을 펼쳤다. 어떤 날은 신문만 보다 집으로 돌아가는 날도 있었다.

대입이 몇 달 앞으로 다가오면서 후회했다. 왜 아무도 충고해 주지 않았을까. 공부는 때가 있는 법인데. 신문 읽던 시간을 후회하던 청소년기는 그렇게 인생의 뒤안길로 사라지는 것처럼 보였다. 그러다 거의 마흔이 되었을 때 기억이 되살아났다. 그 무렵 나는 우연찮게 글을 쓰기 시작했고 매일 글을 쓰며 지나온 삶을 탐색하고 있었다.

언론인의 꿈을 갖게 된 건 어떤 계기였을까? 혼자서 이런 질문을 하게 된 건 글쓰기 덕분이다. 나는 언제부터 언론에 관심을 갖게 된 것일까?

기억을 이리저리 휘저었다. 발단은 1990년 걸프 전쟁이었다. 나는 고1이었다. 미국을 중심으로 한 다국적군이 테러 국가 이라크를 상대로 벌이는 이야기에 매료되었다. 그때는 전쟁을 인류의 비극으로 인식하지 못했다. 신문의 분석 기사는 어느 소설보다 흥미로웠다. 경쟁적으로 신문을 읽던 친구 K 덕에 흥미는 배가 되었다. 신문을 만드는 사람들이 존경스러웠다.

만약 그때 전쟁이 터지지 않았거나 신문을 읽지 않았더라면 내 인생은 어떻게 됐을까? 혹은 K를 만나지 않았더라면? 그때로부터 몇 년 뒤 시작된 내 이십 대의 페이지는 전혀 다르게 채워졌을지도 모른다.

그 시간을 온전히 입시 공부에만 전념했다면 어땠을까? 마흔이 넘은 이제는 이런 질문에 쉽게 답할 수 있다. 십대를 입시로만 채웠다면 그보다 후회막심한 일은 없었을 것이다. 되돌아보니 나는 입시 전투 틈에서 자투리 시간을 활용해 꽤 괜찮은 인생 투자를 했던 셈이다.

샛길에서 어렴풋이 꿈을 꾸다

대학을 졸업하고 기자가 되는 일은 자연스러운 수순이었다. 1학년 가을학기부터 오로지 기자만 생각했기 때문이다. 그러나 허무하게도 금세 사표를 쓰고 나왔다. 부끄러운 얘기지만 회사 생활의 걸림돌은 적성보다 근무 조건이었다. 아침 일찍 출근하지 않아도 되고 돈도 더 많이 주는 신문사로 옮기고 싶었다. 의기양양하게 자발적 백수를 선택했다. 여기저기 지원했지만 좋은 소식은 한동안 들려오지 않았다.

스물여덟 살에 다시 돌아온 백수 생활. 취업 연령 제한이 있던 시절이라 불안했다. 모교 대학원에 지원했다. 언론사 응시 연령을 연장할 계획이었다. 한편으론 최악의 상황이 닥쳤을 때 월급을 주는 어디라도 취업할 요량이었다.

등록금을 내고 한 달 지났을까? EBS 방송사로부터 합격 전화를 받았다. 피디가 되는 순간이었다. '8년간 준비했던 기자의 삶은 이렇게 시작도 하기 전에 끝나는가?' 살아남았다는 기쁨에 되돌아볼 시간도 없었다.

기자를 준비하다 피디로 방향을 튼 건 깊은 고민 끝에 나온 전략이 아니었다. 적성에 대한 고려도 없었다. 그저 생존을 위한 양다리였다. 원하던 기자는 되지 못했지만 되돌아보니 피디의 삶이 더 괜찮다는 생각이 들었다. 아이러니하게도 프로젝트 성격의 업무가 적성에 맞았다.

선택의 아이러니는 직업뿐만이 아니었다. 직장 역시 그랬다. 소규모 전문 방송사라고만 생각했던 EBS에서 얻은 혜택은 과분할 정도다. 내가 단행본을 꾸준히 써 내고 있는 배경엔 회사에서의 경험이 깔려 있다. 기획과 관련된 일을 한 것, 다큐멘터리 피디를 하면서 원고를 쓰게 된 것, 다양한 직업인을 만난 것. 이런 모든 경험이 글쓰기의 토양이 되었다.

인터넷에 대한 관심을 놓지 않은 것도 회사 분위기와 무관하지 않다. EBS는 종편 탄생 이전에 방송의 빅 3라고 했던 KBS, MBC, SBS와 다르게 일찌감치 인터넷에 투자했다. EBS의 선견지명이라기보다 먹고살 길이 급했다. 지상파 3사처럼 방송 광고로만으론 생계를 유지할 형편이 안됐다. VOD 판매나 온라인 자격증 수강 등 부대 수익이 필요했고 대부분의 일이 인터넷 사업이었다.

그러던 터에 스마트폰이 보급되면서 앱 개발 바람이 불었다. 미디어의 화두는 모바일 퍼스트였다. 사물 인터넷, 빅 데이터 같은 낯선 용어가 쏟아졌고 회사 문서에도 심심찮게 발견됐다.

2013년 가을, 부서별로 신성장 동력을 찾으라는 사장의 특명이 있었다. 경영진의 드라이브에 부담을 느낀 팀장이 내게 물었다. "우리 본부도 아이템 하나는 있어야 할 텐데 괜찮은 기획 없을까?" 나는 학교교육기획부 소속으로 새로운 고교 학습 콘텐츠를 기획하려던 참이었다. 또한 「퍼펙트 베이비」라는 장기 다큐멘터리를 막 끝내고 발령받은 상태라 아무 생각이 없었다.

"그렇다고 학교교육본부에서 생뚱맞게 육아를 잘하기 위한 제안을 낼 순 없는 거잖아요?" 그랬더니 팀장이 바로 응수했다. "뭐 어때? 다 회사 좋은 일인데?!" 그렇게 해서 나는 직원 대상 열린 포럼에서 '모바일 육아 정보 서비스'에 대한 간단한 아이디어를 발표했다. 사장은 가야 할 길이라고 판단했는지 그 자리에서 사실상 구두 결재를 했다.

인터넷과 관련한 인연은 하나 더 있다. 2019년 나는 편성기획기획부에서 R&D 업무를 맡고 있었다. 그 무렵 회사는 전격적으로 단행본 출판 사업을 시작했다. 방송과 책 그리고 인터넷을 결합해 통합지식플랫폼을 구축하겠다는 새로운 비전 선포였다. 나는 자연스럽게 단행본 출판팀에 합류했다.

2020년에는 통합지식플랫폼의 한 축이었던 인터넷 강의 플랫폼에 대한 투자가 시작되었는데 자연스럽게 출판 기획을 하며 PM 역할을 맡게 되었다. 육아 정보 모바일 앱 PM을 했던 경험 덕분이다.

어떤 사람은 나에게 이렇게 묻는다. "이제 프로그램 제작은 안 하는 건가요?" 걱정해서 하는 말이다. 반면 어떤 사람은 이렇게 묻는다. "어떻게 하다가 인터넷 서비스 일을 하게 된 건가요?" 호기심 반 부러움 반이다.

같은 일도 보는 사람의 관심과 관점에 따라 나뉜다. 나 역시 생각이 바뀌었다. 방송사의 핵심이라고 할 수 있는 프로그램 제작과 멀리 있는 느낌이 들어 걱정이 들 때가 있었다. 우려는 시간이 불식시켜 주었다.

나는 언제부턴가 회사에 감사하다는 말을 공개적으로 하고 다닌다. 방송사 피디로 입사해서 모바일 사업을 통해 앱 PM을 하고 단행본 출판 기획도 했다. 인터넷 강의 PM을 하며 오디오 전용 콘텐츠를 만들고 유튜브 콘텐츠도 만들었다. 경험할 수 있는 미디어의 세계가 점점 커지고 있다. 이 모든 경험을 안전하고 안전한 회사에서 했으니 감사하지 않겠는가?

재능에 대해 묻는다면

첫 책, 자전적 에세이 『일생의 일』(쌤앤파커스, 2013)을 내고 나는 후속작을 낼 거라 생각하지 않았다. 그 생각은 적어도 2년은 유지됐다. 계획해서 한 일도 아니고 돈이 되는 것도 아니고 여흥도 생각보다 오래가지 않아서다. '나도 책 한 권 냈다.' 하고 인생에서 한 번의 추억으로 족했다.

그런데 2년 후 여름, 무슨 바람이 불었는지 또 쓰고 싶다는 생각이 들었다. 스티브 잡스의 연설을 보다 마음속에 들이닥친 '점의 연결'이라는 개념이 몇 달째 나를 사로잡았다. 글쓰기를 업으로 할 수 없을까. 이런 의사를 피력했더니 아내가 부드럽지만 단호하게 말했다.

"당신의 글은 책을 쓸 정도는 아니야."

나는 조언을 크게 신경 쓰지 않고 두 번째 책을 썼다. 『나는 고작 한번 해봤을 뿐이다』(위즈덤하우스, 2016). 생각보다 반응이 좋았다. 난 자신감이 붙었고, 이후 두 권을 더 썼다. 기획 아이템 리스트는 열 개를 넘어 계속 늘어나고 있다. 힘 닿는 한, 특별한 사정이 없는 한 난 평생 쓸 생각이다.

이런 나의 의도와 무관하게 나에게 재능이 있다고 말하는 사람이 있다. 나는 이런 평가를 받아들일 수 없다. 책의 완성도가 좋아지고 있는 건 사실이다. 하지만 이 정도를 재능이라고 정의하면 세상에 특출난 사람이 얼마나 많을까.

재능보다 욕구

작가 장강명의 이력을 잠깐 소개한다. 그는 대학에서 도시공학을 전공하고 건설 회사를 다니다 그만두고, 2002년 동아일보에 입사해서 11년 동안 기자로 생활을 했다. 그리고 2011년 소설 「표백」이 한겨레문학상에 당선되면서 소설가의 길로 들어섰다. 아내에게 1년 3개월만 전업 작가로 살고, 성과가 나지 않으면 재취업하겠다고 약속하고 2013년 사표를 냈다.

한겨레로부터 당선 전화를 받은 날, 작가는 제일 먼저 아내에게 알렸다. 아내는 어찌나 놀랐는지 문자가 오타투성이었다.
그날 부부는 주점에 가서 맥주를 마셨다. "나는 당신이 소설가
로 데뷔하는 건 평생 일어나지 않을 줄 알았어." 아내는 뜬금
없이 고백했고 장강명은 순간 얼음이 됐다.

　습작을 읽어 봤던 아내는 '이 남자는 절대로 작가는 못 되겠
다.'고 생각했다고 한다. 충격이었다. 언제나 응원하고 격려했
던 아내의 입에서 나올 말이 아니었다. 혼란스러웠다. 진실은
무엇일까. 아내는 거침없이 말했다. 돈 들고 시간 쓰는 낚시, 골
프보다 좋은 취미라고 생각했다는 것. 주말에 집에 있으면서
글을 쓰는 것이 얼마나 바람직한가?!*

　9년 차 작가 장강명은 재능에 대해 잘 모르겠다고 한다. 잘
하고 있다고 생각하고 만족할 뿐이라고 말한다. 재능이 있는지
직장인 20년 차인 나에게 물어본다. 모르겠다. 굳이 재능이라
고 정의 내리고 시작할 필요가 있을까?

　황보출 시인의 삶은 그런 질문을 간단하게 해결해 준다.

　부잣집 가서 일해 주고 밥 얻어 와

　바다 물나물 잔뜩 넣고 죽 끓여

* 장강명, 「책 한번 써봅시다」 EBS 클래스e 강연, 2020

시 「배고픈 슬픔」*은 가난 때문에 식모살이를 했던 젊은 시절의 애달픔이 고스란히 그려진다. 황보출 시인은 70세까지 까막눈이었다. 막내딸의 권유로 한글 교실에 가기 전까지는 기역 니은도 몰랐다. 그런 분이 88세에 시집 『시인 할머니의 욕심 없는 삶』을 펴냈다. 2016년 『'가'자 뒷다리』에 이어 두 번째 책이다.

재능에 대한 생각을 물었을 때 시인은 매일 한 줄씩 쓴다고 했다. 매일 새벽 4시에 일어나 명상을 하고 부처님께 절을 올린다. 그리고 스님의 글을 베껴 가며 문장 공부를 한다. 오일장이면 집에서 기른 쪽파와 마늘을 가지고 시장에 나간다. 평범한 듯 전진하는 삶, 늦깎이 시인의 시 쓰기 비결이다. 이런 이야기를 듣고도 재능 탓으로 글을 쓰지 않는 사람이 있다면 게으른 핑계가 아님을 스스로 증명해야 할 것이다.

● '88세에 두 번째 시집을 낸 할머니 시인 황보출', 오마이뉴스, 2020.11.23.

다빈치만 다빈치가
될 수 있는가?

알베르트 슈바이처(Albert Schweitzer)는 일찌감치 음악에 두각을 나타냈다. 다섯 살 때 피아노를 배웠는데 또래 아이들보다 훨씬 잘 쳤다. 일곱 살 때는 직접 작곡도 했다. 환경도 좋았다. 목사 아버지를 둔 덕분에 교회에서 파이프 오르간을 마음껏 칠 수 있었다. 고등학교에 진학해서는 본격적으로 음악을 공부했다.

음악가의 길을 갈 줄 알았던 소년은 신학과 철학을 전공했다. 아버지의 영향이다. 음악에 대한 열정도 전공 못지않아 용돈을 아껴가며 공연을 관람했다. 그리고 불과 27세라는 나이에 신학 교수가 됐다.

사회적으로 탄탄대로를 걷던 교수는 한 잡지에 소개된 아프리카 선교의 어려움을 알게 되고 마음이 크게 흔들렸다. 나이 서른에 의과대학에 진학해 의사 자격증을 취득하고 아프리카로 떠났다. 평생을 아프리카 원주민에게 봉사하는 의사로 살았던 알베르트 슈바이처의 이야기다.

슈바이처는 모두 4개의 직업을 가졌다. 가장 많이 알려진 의사로서의 삶 외에도 신학자였으며 목사이기도 했고 뛰어난 음악가이기도 했다. 그는 당대 최고 권위의 바흐 연구가였으며, 오르간 제작자이자 상당한 수준의 오르간 연주자이기도 했다.

유명 인물 중에는 뛰어난 수준의 멀티플레이어들은 꽤 많다. 『동물농장』으로 유명한 조지 오웰(George Orwell)은 영국의 명문 이튼스쿨을 졸업하고 인도 제국의 경찰이 되었다. 그곳에서 바라본 제국주의의 폭력성에 환멸을 느껴 5년 동안 빈민 생활을 했는데 이때 경험은 이후 에세이들에 잘 드러나 있다. 스페인 내전이 발발했을 때는 민병대로 자원해 군인이 되는가 하면, BBC 라디오 프로그램의 프로듀서, 잡지 「트리뷴」의 편집장으로도 일했다.

『내가 정말 알아야 할 모든 것은 유치원에서 배웠다』를 쓴 세계적인 에세이스트 로버트 풀검(Robert Fulghum)은 20년간 교회에서 봉직한 목사다. 그 전에는 IBM 세일즈맨으로 일했고, 카우보이, 화가, 음악가, 바텐더까지 그때그때 자신이 원하는 삶을 살아왔다.

세계적인 시인 라빈드라나드 타고르(Rabindranath Tagore)의 능력은 레오나르도 다빈치를 연상시킬 정도다. 잘 알려진 시인으로서의 삶 외에도 정치가, 철학자, 교육가, 음악가, 화가, 사회 운동가까지 다양한 분야에서 뛰어난 업적을 남겼다. 특히 음악과 미술에 대한 역량은 상상을 넘는 수준이다. 3000점의 수채화를 그리고 2000여 곡을 작곡했는데, 그중 600여 곡은 오늘날에도 인도인들의 사랑을 받고 있다.

취미까지 반경을 넓히면 더 놀랍다. 아인슈타인은 카네기 홀에서 콘서트를 가질 정도로 바이올린 실력이 출중했다. 우리 주변에도 다양한 멀티 플레이어들이 있다.

김무근 씨도 그랬다

"황소 같던 아빠는 몸이 불편해진 뒤에야 일을 멈추셨습니다."

대기업 퇴직 후 60세에 찾아온 하반신 마비. 그저 누워 있었다. 수년간 재활 끝에 휠체어를 타야 했을 때 친구가 화구를 건넸다. 무슨 의미가 있나 싶었지만 종이에 물감이 번지는 모양이 신기했다. 한번 그려 보고 싶었다. 일흔의 김무근 씨는 유튜브를 보고 그림 그리는 법을 배웠다.

2016년엔 고향 통영으로 내려갔다. 고향은 김무근 씨를 반갑게 품어 줬다. 본격적으로 그림을 그리기 시작했다. 아내는 아름답다 감탄했고 자꾸 그리라고 격려했다. 친구들도 응원했다.

"통영 내려와서 처음 창가에 앉아 그려 본 건데, 바다랑 갈매기가 생각보다 맘에 들었어. 고향 친구들한테 보여 줬더니 전시회니 사전 예약이니 호들갑인 거야. 친구들은 자기 동네 그림이면 무조건 명작이란다. 근데 허황된 격려에 용기를 얻은 것도 사실이거든."•

딸은 아빠의 그림 하나를 소셜 배경 이미지로 올렸다. 아무 설명을 달지 않았는데 "통영 같아요. 계속 보게 돼요." 같은 댓글이 이어졌다. 혼자 보기 아까워 새 그림을 올리고 조금씩 설명을 달았다. 예상치 못한 반응이 쏟아졌다. 친구가 '딸이 열어 준 아빠의 온라인 전시회'라고 했던 말이 가슴에 박혔다. 기자로 일했던 딸은 "대충 쓰면 안 될 것 같아서" 전화와 메신저로 아빠를 취재하기 시작했다. 그렇게 모은 이야기를 담아 책을

• 김무근, 김재은 『통영, 아빠의 바다』 플랜씨북스, 2020, 28쪽

냈다. 출판 제작도 딸이 맡았다. 아버지가 그런 것처럼 딸도 배워가며 출판을 했다.

이야기에 나오는 딸은 나의 오랜 지인이다. 부녀의 이야기가 감동스러워 나도 소셜에 열심히 퍼다 날랐다. 그림 그려 본 적도 없고 미술 시간에 좋은 점수를 받지도 못한 사람이 화백이 됐고 딸은 작가이자 출판인이 됐다.

인간의 잠재력은 어디까지일까. 우리는 주변에서 다양한 영역에서 출중한 재능을 발휘하는 사람들을 곧잘 본다. 이들의 특징은 여기저기 양다리를 걸쳤다는 데 있다. 얻어 걸린 게 많으면 팔방미인이라고 불린다. 우리는 부러워하면서 보통 사람과는 조금은 다른 사람으로 치부한다.

하지만 이들이 미담의 사례가 되거나 별종으로 불릴 날은 많지 않아 보인다. 시대가 변하는 속도가 상상을 뛰어넘기 때문이다. 사람들은 2016년 이세돌 선수와 알파고의 바둑 대결을 보면서 AI(인공지능)가 몰고 올 폭풍을 실감했다. 도대체 기계는 인간이 하던 일을 얼마나 대체하게 될까? 전문가들은 너도 나도 미래를 예측하기 시작했고 기업은 파괴적 혁신을 부르짖었다. 최근엔 코로나 19라는 진정한 파괴자까지 등장했다. 공유경제는 직격탄을 맞았고, 세계화는 몇 걸음 퇴보했다.

길이 몇 갈래 없던 과거에는 다수의 길을 따르면 미래가 보장됐다. 자아실현이라는 고차원의 욕구도 보장된 미래가 주는 성취감으로 상당 부분 채워졌다. 하지만 지금은 BC(기원전)와 AC(기원후)를 새로 정의할 정도로 빠르게 변화하는 시대다. 있던 길을 의심해야 하고 없던 길을 만들어야 하는 시대다. 그럴수록 우리가 해야 할 일은 자명하다. 더 많은 기회를 확장해야 한다. 더 힘차게 양다리를 뻗쳐야 한다. 하나는 자아실현을 위해 다른 하나는 생존을 위해.

SAFETY ZONE

제 6 장

뻗쳐야 닿는다

길은 그렇게 열렸다

서울대 허성도 교수 강연 녹화가 있던 날이다. 워낙 장편의 강연을 하다 보니 이야기가 잠시 샛길로 빠졌다. "국사학과를 가고 싶었는데 점수가 높아 중문과를 선택했죠." 이런 엄청난 고백을 하다니 깜짝 놀랐다.

허성도 교수는 중국 문학의 권위자다. 우리나라에서 최초로 현대 중국어 문법을 연구했다. 한편으론 십수 년간에 걸쳐 조선왕조실록, 동의보감 등에 나온 한자 1만 5천 자를 하나하나 전산으로 입력해 국학 자료 전산화를 이룬 선구자이다. 대중 강의로도 명성이 높은데 삼국사기, 조선시대의 과학 등 주로 우리 역사에 대한 이야기다. 중국 문학을 전공으로 하면서 한국사에 양다리를 걸쳤다. 전공으로 국사를 택하진 못했지만 스스로 역사를 공부한 결과 두 분야에서 최고의 실력을 인정받게 되었다.

어쩌면 상당히 많은 스페셜리스트들의 전공이 우연처럼 결정됐을지도 모른다. 그들이 표현하기 전까지 알 수 없다. 세계적인 석학 리처드 도킨스(Clinton Richard Dawkins)는 자서전을 마치며 다음과 같이 기록했다.

"나는 옥스퍼드에 턱걸이로 들어갔다. 떨어졌으면 어땠을까? 거의 그럴 뻔했는데 말이다. 내가 니코 틴베르헌에게 개인 지도를 받지 않았다면, 그래서 동물 행동이 아니라 생화학으로 박사 학위 연구를 하겠다는 애초의 계획을 따랐다면 어땠을까? 당연히 인생이 달라지지 않았을까? 어쩌면 책을 한 권도 안 썼을지도 모른다. 그러나 또 어쩌면, 인생은 특정 경로로 수렴하는 경향이 있을지도 모른다. 일시적으로 탈선했다가도 자석에 이끌리듯이 정해진 경로로 돌아가는 것일지도 모른다. 나는 생화학자가 되었어도 결국 『이기적 유전자』를 쓰는 길로 이끌리지 않았을까? 그랬다면 책의 내용이 분자생물학 쪽으로 좀 더 기울었겠지만 말이다."

우리는 알 수 없다. 인간은 앞날에 대해 아무것도 모른다. 야구장에서 혼자 맥주를 마시며 경기를 보고 있던 카페 주인은 뜬금없이 이렇게 생각했다고 한다.

'그래, 나도 소설을 쓸 수 있을지도 몰라.'

그 사람은 원고지와 만년필을 사서 집으로 가 주방 식탁에 앉아 소설을 쓰기 시작했다. 그렇게 그가 반년 만에 후다닥 써서 펴낸 책이 『바람의 노래를 들어라』다. 이 작품으로 하루키는 그해 문예지「군조」의 신인상을 타며 화려하게 데뷔한다.

가능성이라는 힘

2020년 가을 김광석의「혼자 남은 밤」듣다 생긴 일이다. 근래에 알게 된 나만 모르는 명곡이었다. 노래에 심취하다 행복감에 사로잡혔다. 그러다 '나는 언제 행복감을 느끼는지' 생각나는 대로 써 봤다. 찰나의 아이디어로 즉흥적으로 쓴 기록이지만, 이 상황을 '가능성'의 측면에서 보니 또 다른 의미로 다가왔다. 예를 들어 다음과 같은 것들이다.

- 무한 반복해서 듣는 노래가 생겼을 때
- 보이차 농도가 적당히 진할 때

가령, 나는 2020년부터 보이차를 음용하기 시작했는데 더불어 '차'에 대한 관심이 생겼다. 이후 차는 물론이고 다기, 티포트 등 보통 차 애호가들이 가는 길을 얼추 따라갔다. 그러면서 '한번 차에 대해 공부해 볼까.' 하는 생각이 들기도 했다.

좋은 책을 읽었을 때는 웬만하면 리뷰를 남기는 편이다. 그렇게 기록한 독서 일지가 꽤 많다. 언젠가는 내가 읽은 책을 큐레이션 해서 책으로 묶어 볼까 하는 계획도 있다.

반복해서 듣는 노래는 대개 가사가 좋은 경우다. 거의 20년 전 나는 작사 제의를 받은 적이 있었다. 함께 일하며 알게 된 작사가가 나의 관심을 확인하고 곡이 들어 있는 CD를 건넸다. 바쁘다는 이유로 CD를 잡고 한 달 동안 아무 글도 쓰지 못했다. 아직도 후회로 남아 있다. 그때 어쩌면 나는 작사가의 길을 걸었을지도 모른다는 생각에서다.

보이지 않은 '점'을 본 느낌이랄까. 내가 열거한 것 중에 어떤 것은 실제 발전할 수도 있겠다 하는 생각이 들었다. 심지어 직업에 영향을 줄지도 모른다는 생각에 미쳤다. 모든 가능성은 결국 '어쩌면' 하는 상상에서 출발하지 않은가.

스티븐 킹(Stephen Edwin King)은 초등학교 1학년 때 아파 휴

학한 적이 있다. 1년 동안 집에서 만화책만 읽었다. 그러다 글을 쓰고 싶다는 생각이 들어 만화책에서 좋은 내용을 공책에 옮겨 적었다. 그 옆에 설명을 덧붙였다. 어느 날 공책을 발견한 어머니는 믿기지 않는다는 듯 감탄을 연발했다. 대부분 만화책에서 베꼈다고 실토하자 어머니는 이렇게 말했다.

"기왕이면 네 이야기를 써 봐라. 너라면 훨씬 잘 쓸 수 있을 거다."

그 말을 들었을 때 어린 스티븐은 '엄청난 가능성'이 펼쳐진 것 같은 느낌이 들었다고 회고한다. 그때부터는 스티븐은 학교를 다니며 틈틈이 이야기를 쓰기 시작했다. 그렇다고 해서 작가로 직행한 건 아니다. 전업 작가가 되기 전까지 국어 교사 일을 하며 세탁소 아르바이트를 하기도 했다. 그러면서 틈틈이 글을 썼다. 뛰어난 작가가 되기까지 상당한 시간의 축적이 있었던 것이다.

체이스 자비스(Chase Jarvis)는 글로벌 기업의 러브콜을 받는 세계 최고의 사진작가다. 자비스는 원래 철학과를 졸업하고 의과대학에 진학할 계획을 갖고 있었다. 그런데 사랑하는 사람이 떠나면서 모든 것이 바뀌었다. 졸업 몇 주 전 할아버지는 자신의 촬영 장비를 손자에게 맡기고 돌아가셨다. 정신이 번쩍 들었다. 인생은 한 번뿐이라는 사실을 새삼 떠올렸다. 겨우 스물

한 살이었지만 직감을 존중하기로 했고 사진의 길로 들어섰다.

인생은 참으로 절묘하다. 이런 말도 안 되는 인연이 우리 삶에는 곳곳에 침투해 있다. 그렇다고 그냥 되는대로 살 이유가 되는 건 아니다. 나도 모르는 여러 가지 길이 이미 옆에 있다. 단지 보이지 않았을 뿐, 가지 않았을 뿐이다. 그래서 우리에게 더 많은 다리가 필요한 건 아닐까.

무능하기도
혹은 유능하기도

오래 전 사석에서 대학 선배가 그랬다. "너처럼 말 잘하는 사람은 태어나 처음 본다." 친구들과 가벼운 논쟁이 있었고 그날따라 쏟아 내는 말이 질서정연하게 튀어나온 모양이다. 그렇다고 해도 심하게 과한 평이다.

어찌나 강렬했던지 20년이 지났는데도 그 말이 가끔 생각난다. 그때마다 스스로에게 물어본다. 나는 말을 잘하는 사람인가? 글쎄, 나는 모르겠다. 같은 질문을 대학 친구들, 초등학교 친구들에게도 물어보면 정반대의 평가가 나올지 모를 일이다.

사람은 여러 면이 있다. 주로 성격과 재능에 대한 이야기다. 나이가 들수록 이 말은 삶의 명제가 되고 있다. 우선 나부터 성격과 재능 혹은 역량이라고 하는 것이 무척 변했기 때문이다.

발랄 vs 과묵

초등학교 때 친구들은 나를 발랄한 아이로 기억한다. 여러 차례 반장을 한 것 말고도 그렇게 말할 수 있는 정황 근거는 제법 있다. 반면 6학년 때 전학 가서 만난 친구들은 나를 기억조차 못할 것이다. 워낙 조용해서 존재감이 미약했을 테니 말이다. 불과 1, 2년 사이에 다른 전혀 다른 사람이 되었다. 중, 고교 시절까지도 조용히 공부하는 어중간한 모범생이었다. 그러다 대학에 가서 많이 바뀌었다. 공부와는 담을 쌓았고 속된 말로 나다니기 시작했다. 나의 이미지 어디에도 과묵함은 없었다.

피디 vs 기자

중학교 때 국어를 잘했다. 엄밀히 말하면 시험을 잘 봤다. 중학교 3학년 때는 일 년 동안 치뤄진 시험에서 단 한 번만 백 점을 맞지 못했을 정도였다. 나의 동기를 자극했던 교사의 영향으로 나는 국어만 열심히 했다. 남들 겨우 한 번 보는 문제집을 네다섯 번을 풀었으니 점수가 안 나오는 게 이상한 일이다. 어쨌든 그 시절을 경험한 친구들은 지금 내가 피디가 되고 가끔 단행본을 내는 모습이 자연스러울 것이다.

반면에 대학 친구들은 내가 피디가 되었다고 했을 때 의아하게 생각하는 사람도 많았다. 나는 1학년 때부터 대학 기자 활동을 했고, 졸업할 때까지 기자가 되겠다고 떠들고 다녔다. 스스로 살펴봐도 TV도 보지 않을뿐더러 여러모로 카메라와 어울리는 사람이 아니었다.

무능 vs 유능

변신은 멈추지 않았다. EBS 방송국에 같이 입사한 동기들 중 일부는 일찌감치 이직했다. 연락하고 지내는 친구가 그런 말을 했다. "네가 그렇게 잘될 줄 꿈에도 몰랐다." 다큐멘터리로 상도 받고 가끔 언론 인터뷰도 하는 모습을 보고 하는 말이다. 그 친구의 기억대로 난 방송국 입사 초기 일도 잘 못했고, 이직을 심각하게 고민도 했었다. 무수히 많은 점의 연결을 통해 성장하고 좋은 우연이 함께 있었을 뿐이다.

지금도 나는 언급한 여러 면이 나에게 있다고 믿는다. 그래서 '나는 어떤 사람인가'라는 질문을 하나로 답하려면 헷갈려진다. 실제 그런 시도를 해 보다가 포기하기로 했다. 여러 개의 나를 전제하면 하나로 압축하려는 시도 자체가 모순이 되기 때문이다.

마이클 펠프스(Michael Phelps)가 유치원에 다닐 때 선생님은 어머니에게 이렇게 말했다. "마이클은 잠시도 가만히 앉아 있지 못해요. 조용히 하지도 않아요. 아드님은 앞으로 어떤 일에도 집중하지 못할 거예요."• 그런 아이가 커서 세계 수영 챔피언이 되었다. 마이클이 성인이 됐을 때 어머니는 이렇게 말했다. "마이클의 집중력은 정말 놀라워요."

우리는 누구 말이 맞다고 할 것인가? 생전에는 단 한 점의 그림밖에 팔지 못한 비운의 화가 빈센트 반 고흐(Vincent van Gogh)는 어떻게 볼 것인가?

설사 약점이 있더라도 거듭 성장하고 변신하는 것이 삶의 과정이다. 우리 모두는 내향적이기도 하고 외향적이기도 하며 무능하기도 하고 유능하기도 한 복합적인 존재다. 한마디로 가능성이 많은 존재다. 그렇다면 굳이 자신이 가진 가능성을 애써 덮을 필요가 있을까.

• 게리 켈러, 『원씽』, 비즈니스북스, 2013

그저 행하면 얻게 될 것

인생을 한마디로 정의하고 싶은 충동을 느낀다. 마흔 넘어 부쩍 그랬다. 사실 지금도 수시로 인생에 대한 개똥철학 연구를 한다. 인생은 '한마디'로 무엇인가. 누구에게나 이런 욕구는 있을 거다. 복잡한 것보다 단순한 게 편하니까.

그렇다고 최초의 문장을 만들고자 하는 욕망은 없다. 인생은 무엇인가. 이 질문에 마흔 넘어 떠오른 단어는 '여행'과 '탐구'였다. 더 중요한 하나를 남기기 위해 탐구를 지우기로 했다. 여행이 조금 더 기분 좋은 느낌이어서.

인생은 여행이다.
좋은 것이 있으면 멈추고 가까이 가는 것.

더 좋은 것을 찾아 다시 떠나는 것.

여행에서 만난 여수 바다의 얼굴이 여러 개가 있듯이 인생 또한 그러하다. 어떻게 될지 모른다. 어떤 시간에 그 인생을 보느냐에 따라 얼굴이 다르다. 부끄럽다 생각했던 얼굴이 자랑스럽게 변하기도 한다. 물론 반대도 많다.

여행과 인생이 비유로만 관계 맺는 건 아니다. 여행을 많이 하면 인생이 풍요로워진다. 나에겐 출근길도 여행이다. 정말 그렇게 느낀다. 지하철을 탈 때보다는 운전할 때가 더 좋고, 운전할 때보다는 걸을 때 감상할 것이 많고 많은 생각이 드나든다. 걷기는 생각의 트리거다. 호기심과 얽히면 생각 속으로 깊숙하게 빨려 들어간다. 잠깐의 몰입은 하루를 더 활기차게 만들어 준다.

여행하기 좋은 나이

결혼 후 육아를 시작하면서, 결혼 전에 실컷 여행하지 않은 것을 후회했다. 마흔 넘어 의식적으로 여행을 떠났다. 후회의 성과물이랄까. 그래 봤자 일 년에 두세 번. 그조차 가족 이벤트.

계속 미루었다. 숙제를 안 한 것처럼 마음 한편이 찜찜했다.

일산 문봉조각실에서 윤영미 아나운서를 만났다. 예전에 '말하기'에 대한 책을 읽은 인연으로 그녀가 진행하는 북토크에 초대받아 청중으로 참석했다. 그날의 인연으로 그녀의 여행 에세이를 읽었다. 기대 없이 읽다가 한 가지 깨달음을 얻었다. 여행하기에 좋은 나이는 애초에 없다. 방법도 그리 중요하지 않다. 이리 저리 규정할 이유도 별로 없다. 그저 '행하면' 얻게 될 것들을 챙겨 가면 그뿐.

그녀는 마치 후회가 예견된다는 듯 하고 싶은 걸 마음껏 하고 살자는 주의다. 예를 들어 승효상 건축가가 쓴 『오래된 것들은 다 아름답다』 책을 읽다 저자가 크게 찬탄한 병산서원이 궁금해 즉시 안동으로 가는 티켓을 끊었다. 별 것 아닌 일상 같지만 우리는 대개 '다음에', '언젠가는'이라는 수사와 함께 기억에 묻어 두는 일들이다.

어느 날 구례에서 차를 몰고 가는데 옆쪽으로 꽃이 보였다. 차를 멈추기 어려워 그냥 한참을 지나치다 문득 '저 꽃길은 지금 못 보면 영영 못 볼 텐데.' 하는 생각이 들어 차를 돌려 그곳으로 갔단다.

"다른 사람들은 '언젠가 가 봐야지….' 하고 머릿속에만 저장해 두고 잊어버린다면 나는 그것들을 흘려보내지 않고 꼭 행한다는 게 다른 점인 듯해요."

책에는 일산 조각실의 이야기도 들어 있었다. 그날의 일을 난 기록하지 않았지만 그녀는 기록했다. 그렇게 행사 진행을 위해 간 곳도 그녀에게 여행이었다. 그제서야 내가 받은 것이 단순한 여행 에세이가 아니라는 생각이 들었다. 책은 단지 아나운서의 몇 번째 저서가 아니라 마음껏 했던 행동에 대한 기록이었다.

그저 행하면 얻게 될 것들

1세대 한류 열풍을 주도했던 가수 보아가 데뷔 20주년을 맞았을 때다. 기자가 "현재 자신에게 하고 싶은 말이 있습니까?"라고 묻자 "이왕 태어난 거 감사한 마음으로 가진 재능을 다 쓰고 죽고 싶습니다."●라고 말했다. 아시아의 별이 소망한 건 더 큰 세계의 별이 아니라 나도 모르는 여러 가지의 별을 발견하고 싶다는 소망이었다.

별은 욕구다. 욕구가 있다는 것을 '발견'하는 것만으로도 우

● '이왕 태어난 거 가진 재능 다 쓰고 죽을 터', 머니투데이, 2020.08.28.

리는 실제 그 일을 해낼 가능성이 높아진다. 욕구는 외부 자극과의 상호작용에서 나온다. 그렇다면 해야 할 일은 외부 자극이 될 수 있는 점을 키우든지 점의 수를 키우는 것이다. 다시 말해 경험을 하는 것이다.

대법관을 지낸 박일환 선생이 유튜브 채널을 열었다. 생활 밀착형 법률 상식을 풀어내는데 주제만 일주일 고민한다고 했다. 굳이 해야 할 일일까? 경험의 힘을 모르면 할 수 있는 질문이다.

야구에서 전설이 되었던 마이클 조던(Michael Jordan)이 야구 선수에 도전했던 건 어릴 적 소박한 꿈을 실현하고 싶은 욕구였다. 누군가는 그렇게 봤다. 조던이 야구에서 시작해서 야구로 끝냈다면 그는 명실상부한 위인의 반열에 올랐을지도 모른다. 하지만 이는 타인의 시각일 뿐이다. 조던은 오히려 "이 시기를 통해 자신이 누군가의 꿈이 될 수도 있다는 사실을 깨달았다"고 말했다.

인생에서 행복하게 기억할 수 있는 페이지는 성공보다 실행 여부와 밀접하다. 윤영미는 이런 말을 했다.

"언제까지 어떤 상태로 살지는 몰라도 내가 100살 즈음에 이런 후회를 할지도 모르죠. 60살에 진짜 내가 하고 싶은 거 시작할 걸,

이렇게 건강하게 오래 살 줄은 몰랐어."

내 재능을 어떻게 꺼내 쓸까? 최고의 출발은 그저 행하는 것이다.

그 사람을 어떻게
기억하나요?

"민철아, 네가 이래 될 줄 몰랐네."

"네, 어무이. 지도 몰랐네예."

강남역 5번 출구 앞. 회사로 아버지, 어머니가 구경을 오셨다. 사무실을 둘러보시는 내내 입가에 미소가 떠나질 않으셨다. 과거의 나는 대한민국에서 정말 평범한 사람 중 하나였다.

유명 영어 교육 기업 야나두 김민철 대표의 책 『야, 너두 할 수 있어』는 이렇게 시작한다. 김민철이 스스로 '정말 평범한 사람' 중 하나였다고 말한 시절, 나는 수시로 그를 만났다. 회사의 파트너였고 내가 하는 일과 관련해서도 종종 이야기를 나누었다. 불과 5년 전이다. 나도 그가 '이래 될 줄' 몰랐다. 아는 사람의 성공을 보는 건 그 자체만으로도 효능감이 높아진다. 나도 할 수 있다는 자신감이 생기기 때문이다.

그 인물을 바라본 시점이 언제였느냐 혹은 어떤 사람이 보았느냐에 따라 평가는 완전히 달라질 수 있다. 내가 U를 알게 된 건 15년 전, 내가 연출을 할 때 조연출로 만났다. 이후 U는 피디가 되어 연출을 했다. EBS 「3분 영어」 등 새로운 포맷으로 히트작도 여럿 만들었다.

평생 연출자로 살 것 같은 U는 빵집을 차렸다. 그의 사업 본능을 처음 알았다. 이때부터 사업의 길을 따라갔다. 공연 기획사를 차리더니 몇 년 후에는 동영상 미디어 제작사로 전환했다. 지금은 매출 수십억 원의 콘텐츠 회사를 이끌고 있다.

재밌는 건 U를 둘러싼 사람들을 함께 만날 때다. 마지막 관계가 곧 그의 직함이 된다. 피디로만 봤던 인연은 사업가로서의 성취에 놀라워한다. 과거의 조연출로 기억하고 있는 사람은 정도가 더 하다.

시점을 U와 함께 했던 시간으로 이동해도 놀라운 건 마찬가지다. 같이 조연출을 했던 대부분은 연출자가 됐지만 일부는 전혀 다른 길을 걸었다. P는 개그맨이 되어 TV에 얼굴을 드러냈다. K는 횟집 사장님이 되었다.

평범한 사람들도 이렇게 많이 변한다. 어떤 사람은 급작스럽

게 변신해서 나타난다. 그래서 한 인물에 대한 평가는 입체적
으로 해야 한다. 직업만이 아니다. 성격, 인성, 능력 중에 고정
적이라고 할 수 있는 게 얼마나 될까.

바닥에서 최고까지

2020년 7월 넷플릭스에서 공동 CEO 체제로 전환한다고 했을
때 사람들은 의아하게 생각했다. 왜 잘나가는 회사가 굳이 말
많은 공동 경영을 선택했을까. 더군다나 새로 선임된 CEO 테
드 사란도스(Ted Sarandos)는 낯선 이름이었다. 하지만 오늘날
넷플릭스를 콘텐츠 유통 기업을 넘는 복합 플랫폼으로 키운
장본인이 바로 사란도스였다.

　그의 이력이 알려졌을 때 사람들은 한 번 더 놀랐다. 사란도
스는 비디오 키즈였다. 어릴 때는 하루 종일 TV만 보던 아이였
다. 고교생 때는 비디오 가게 알바로 일하면서 끊임없이 영화
를 봤다. 대학교를 중퇴하고 나선 비디오 가게 매니저로 사회
생활을 시작했다. 이렇게 평범하게 살던 사람이 넷플릭스의 창
업자 리드 헤이스팅스(Wilmot Reed Hastings Jr.)의 눈에 들어왔다.
1999년, 물론 그때는 넷플릭스도 창업한 지 얼마 안 된 시점이

었다.

　사란도스는 DVD 배급 업계에서 일을 잘 처리하기로 유명했다. 그의 추천은 곧잘 입소문을 탔다. 오늘날 넷플릭스를 키운 추천 알고리즘 이전에 휴먼 알고리즘이 있던 셈이다. 사란도스의 안목은 오리지널 콘텐츠 제작에서 더욱 빛났다. 2013년 전 세계를 강타한 「하우스 오브 카드」 시리즈는 그가 발탁한 자체 제작 콘텐츠였다. 이를 통해 넷플릭스는 단순한 스트리밍 업체에서 콘텐츠 플랫폼으로 거듭났다. 사란도스가 넷플릭스의 공동 1인자가 된 건 전혀 놀랄 만한 일이 아니었다. 다만 비디오 가게 알바생으로 만났던 인연은 놀라 자빠질 수 있겠지만.

　역사상 위대한 인물로 평가받는 인물들은 또 어떠한가. '케인스 혁명'이라 일컬어지는 이론을 주장해 전 세계를 대공황의 늪에서 구한 영국의 경제학자 존 메이너드 케인스(John Maynard Keynes). 그는 3세 때 알파벳을 익힐 정도로 영특한 아이였다. 명문인 이튼스쿨을 거쳐 케임브리지 대학에 입학하기까지 그의 여정은 누가 보아도 엘리트 코스였다. 그러나 그런 그도 한때는 꼴찌였다는 사실을 아는 사람은 그리 많지 않다. 초등학교 생활을 시작했을 무렵, 케인스는 수업에 제대로 집중하지 못하는 아이였다. 성적은 바닥이었고, 공부에 대한 부담으로 말을 더듬기까지 했으며, 결석을 밥 먹듯 했었다.

아인슈타인이 어린 시절 낙제생이었다는 이야기는 유명하다. 하지만 반면 10대 후반은 다르다. 이때는 스위스에서 보냈는데 아인슈타인 스스로도 더 없이 행복한 시간으로 꼽는다. 독일의 김나지움과는 다르게 자유로운 분위기였다. 교우 관계도 좋았다. 이때 아인슈타인은 과학에 몰입했고 물리학자가 되겠다는 꿈을 꾸게 되었다. 아인슈타인은 가뿐하게 세계적인 명문 취리히 공과대학에 진학했다.

하지만 권위적인 대학 교육은 아인슈타인과 맞지 않았다. 수시로 질문하는 아인슈타인을 교수들은 도전으로 받아들였다. 아인슈타인은 수업에 흥미를 잃었다. 우수한 성적으로 대학을 졸업했지만 모교의 조교 자리도 얻지 못했다. 그러고 나서 간신히 취직한 곳이 특허청 시보라는 자리였다. 여기서 상대성 이론을 발표하기 전까지 아인슈타인은 그저 평범한 사람 중에 하나였다.

당신 앞에 있는 문은?

"길이 열리면 가라."는 말이 있다. 나는 이 격언을 신뢰한다. 다만 조금 다른 이미지를 그려 본다. 우리들 각자는 여러 창문이

달린 집에 사는 사람이다. 창문을 통해 밖을 볼 수 있으며 문을 열고 밖으로 나갈 수 있다. 창문으로만 세상을 보는 사람이 있고 문을 열고 나가는 사람도 있다. 문은 자신이 열기도 하지만 우연히 열리기도 한다.

나는 여러 얼굴을 가지고 살아왔다. 창문을 통해 사람들에게 보이는 나는 얼마만큼의 근거가 있을까. 과묵하기도 하고 발랄하기도 하고, 부족하기도 하고 뛰어나기도 한 나는 어디까지 진면목일까. 지나온 길이라고 다 알 수 있을까? 그런 가운데 분명 변화라고 할 만한 것들은 있다. 그때그때 원하는 것이 변했다. 성취라 할 만한 것들은 엉뚱한 것에서 튀어 올랐다.

마흔 일곱의 나는 스스로에게 묻는다. 앞으로의 나는 또 얼마나 변할 것인가. 앞으로 어떤 문을 선택할 것인가.

걸치는 삶 연결되는 기쁨

이 책은 일 년 전 백반집에서 밥 먹다 기획됐다.

출판 기획자이자 출판사 대표인 L이 나에게 말했다.

"저는 작가님이 예전에 이야기한 '가지치기' 콘셉트가 참 좋아요."

그날은 내가 진행 중인 저술 작업을 못 하겠다고 고백하기 위해 기획자를 불러낸 자리였다. L이 다시 '가지치기' 이야기를 꺼낸 건 뭐라도 새로운 아이템을 찾아보려는 모색이었다.

"저도 좋아요. 그런데… (제가 쓸 수 있는 아이템일까요?)"

이태 전 나는 L에게 새로운 일을 찾는 방법론으로서 가지치기에 대해 들려준 적이 있었다.

이 표현을 쓴 사람은 영국의 인생학교 창립 멤버인 로먼 크르즈나릭(Roman Krznaric) 교수다. 그는 저서 『인생학교 일』에서 진로 변경을 꾀하는 사람들에게 가지치기를 적극 추천한다. 교수는 가지치기를 '현재 직업을 그만두지 않은 상태에서 잠재적 자아에 대해 알아보는 비교적 짧은 실험'으로 정의 내렸다.

나는 당시 책에서 해당 문장을 읽고 소위 꽂혔다. 건네 들은 L도 마찬가지로 꽂혔다.

가령 IT 회사에 다니는 사람이 일에 회의를 느껴 요리사가 되고 싶다면 어떻게 해야 할까? 사람들은 직업 진로를 바꾼다고 하면 인생이 완전히 바뀌는 엄청난 변화가 따른다고 생각한다. 그러면서 가장 중요한 '행동'이라는 첫 단계를 미룬다.

하지만 가지치기 프로젝트는 그렇게 위험한 전략이 필요하지 않다. 견습이나 자원봉사, 강의나 교육 프로그램 이수 등을 통해 해당 분야에 살짝 발을 들여놓음으로써 자신의 삶에 활력을 불어넣어 주는지 확인해 볼 수 있다. 한 발 걸치면 두 발 들여 놓게 되고 시간이 지날수록 자신감은 커져 앞으로 나아가기도 쉬워진다. 요리사가 적합하지 않은 것 같다면 또 다른 가지치기 프로젝트를 통해 잠재적 자아를 시험해 볼 수 있다.

"양다리네요!"

L의 입에서 튀어나온 말이다. 그 말을 듣는 순간 나는 무엇을 해야 할지 깨달았다.

사람마다 신조라는 것이 있다. 정직하게 살자. 성실하게 살자. 사이 좋게 살자. 언젠가부터 '양다리'도 나에게는 그런 것이었다. 끌리는 것이 있으면 걸치자. 생활에 지장이 없으면 걸치자. 위험 부담이 없으면 걸치자.

그 전까지 나를 이끈 신조는 스티브 잡스가 말한 '점의 연결'이었다. 모든 경험은 연결된다. 이제 점을 연결하는 주체가 무엇인지 분명해졌다. 점을 연결하는 것은 막연한 나라는 주체가 아니고 우연한 사건도 아니고 양다리다.

실행 기획이 정해지기 전까지 기획을 위해 L과 전화하고 만나고 무수한 메일을 교환한 과정이 양다리였다. 나는 일을 하며 끊임없이 한 다리를 출판 기획에 걸쳤고 그중에 하나 건진 것이 바로 이 책이다. 양다리는 저술의 아이템으로 시작됐지만 마침내 나의 삶으로 들어왔다.

다시 감사하다.

걸칠 것이 있는 삶.

많이 걸칠수록 언젠가는 연결된다.

연결의 기쁨을 당신과 나누고 싶다.

양다리의 힘

안전을 확보하지 못한 전략은 모든 것을 잃게 한다

1판 1쇄 발행 2021년 4월 19일

지은이 ｜ 김민태
발행처 ｜ 도서출판 혜화동
발행인 ｜ 이상호
편집 ｜ 권은경
주소 ｜ 서울특별시 강서구 공항대로 237, 1108호 (07803)
등록 ｜ 2017년 8월 16일 (제2017-000158호)
전화 ｜ 070-8728-7484
팩스 ｜ 031-624-5386
전자우편 ｜ hyehwadong79@naver.com

ISBN 979-11-90049-23-8   03320

• 책값은 뒤표지에 있습니다.
• 잘못된 책은 바꾸어 드립니다.